KB274092

꿩먹고 알먹는 프랑스어 첫걸음

저자 : 김경랑 · 최내경

1945
MYM
문예림

저 자 **김경랑**

이화여자대학교 불어불문학과를 졸업한 후 프랑스 Lyon II 대학에서 프랑스어교육학 학사 및 석사를 마치고 서울대학교 사범대학에서 교육학 박사를 취득했다. 현재 서울대학교 및 경희대학교, 인하대학교에 출강하고 있다. 저서로 〈여행 프랑스어〉, 〈동화가 있는 프랑스어 문법〉, 〈Coucou〉, 〈On se parle en français I · II〉, 〈중학교 생활 프랑스어 Bonjour〉, 〈고등학교 Le français I〉, 역서로 〈프 랑스 학교〉, 〈신화가 된 르네상스 맨, 레오나르도〉 등이 있다.

저 자 **최내경**

이화여자대학교 불어불문과를 졸업한 후 서강대에서 불어학 석사학위와 박사학위를 취득한 후 현재 서강대 등에서 프랑스 문화와 언어를 강의하고 있다.
저서로 〈À la rencontre des Francais et des francophones〉, 〈프랑스 어학개론〉, 〈고흐의 집을 아시나요?〉, 〈몽마르트르를 걷다〉, 〈파리예술카페 기행〉, 〈어느 일요일 오후〉, 〈바람이 좋아요〉, 〈이야기 프랑스어〉 등이 있다. 역서로는 〈모파상의 행복〉, 〈목화의 역사〉, 〈별〉, 〈어린 왕자〉, 〈여자의 사랑이 남자를 바꿀 수 없다〉, 〈부자뱅이, 가난뱅이〉, 〈샤를 페로가 들려주는 프랑스 옛이야기〉, 〈인상주의〉, 〈클레〉, 〈마티스〉, 〈나는 죽을 권리를 소망한다〉, 〈사랑할 땐 사랑한다고 말하자〉 등 다수가 있고 불역으로는 〈Le renard mangeur de livres〉가 있다.

김경랑 · 최내경 공저로는 〈프랑스어 발음 연습〉, 〈상황별로 배우는 프랑스어〉, 〈쉽고 실용적인 기초 프랑스어문법〉, 〈프랑스어 표현 5000〉, 〈프랑스 문화읽기〉, 〈샹송으로 배우는 프랑스어〉 등이 있다.

성우 Cédric du Boisbaudry : 서경대학교 교수
Marina Thomazo : 알리앙스 프랑세즈(Alliance Française) 강사

꿩 먹고 알 먹는 프랑스어 첫걸음

초 판 5쇄 발행 2011년 1월 11일
개정판 2쇄 인쇄 2016년 1월 5일
개정판 2쇄 발행 2016년 1월 10일

지은이 　김경랑, 최내경
발행인 　서덕일

펴낸곳 　도서출판 문예림
주소 　경기도 파주시 회동길 366(서패동) (10881)
전화 　(02)499-1281~2
팩스 　(02)499-1283
홈페이지 　http://www.bookmoon.co.kr
Email 　info@bookmoon.co.kr

출판등록 　1962년 7월 12일 제 2-110호
ISBN 　978-89-7482-821-9 (13790)

머리말

　　"문법"과 "회화", 이는 외국어를 배우는 모든 사람들의 가장 핵심적인 두 가지 화두이다. 그 어느 하나도 소홀히 할 수 없는 요소이나 두 가지를 다 마스터하기에는 너무도 길고 힘든 여정이 따르기 마련이다.

　　이 책은 처음 프랑스어를 배우기 시작하는 사람들이 문법과 회화를 동시에 접하면서 학습할 수 있도록 초점을 맞춘 기초 프랑스어 학습서이다.

　　먼저 일상생활에서 부딪힐 수 있는 상황을 가상의 대화로 엮은 후, 대화의 이해를 위해 필요한 어휘와 문법을 제시하였다. 이는 문법과 회화를 고립시키지 않고 두 가지를 동시에 배울 수 있도록 배려한, 꿩먹고 알먹는 프랑스어 교재의 기본 방침에 기초를 둔 것이다.

　　또한 각 장 마지막에는 해당 문법과 의사소통 기능을 익힐 수 있는 연습문제를 마련하였고 주제별로 간단한 문화내용도 수록하였다.

　　프랑스어 발음의 어려움을 감안하여 각 문장 아래에는 최대한 프랑스어 발음에 가깝게 소리나는 대로 발음을 표기하였다. 프랑스 원어민들의 녹음 발음과 함께 한글 발음을 참고한다면 좀 더 쉽고 자신감있게 프랑스어 발음에 다가갈 수 있을 것이다.

　　이 책이 프랑스어를 배우고자 하는 분들의 좋은 친구이며 길잡이가 되길 바라며 책이 나오기까지 수고해주신 문예림 직원 여러분과 서덕일 사장님께 감사드린다.

2014년 8월
김경랑, 최내경

Contents

* 머리말 · 3

* 프랑스어 알파벳과 발음 · · · · · · · · · · · · · · · 6

1. **Bonjour ? Je m'appelle Jo-A KIM.** · · · · · · · **11**
   봉쥬흐 쥬 마뻴 조아 킴

2. **Zidane est footballeur.** · · · · · · · · · · · · · **17**
   지단 에 풋볼뤠흐

3. **Qui est - ce ?** · · · · · · · · · · · · · · · · · · · **23**
   끼 에 쓰

4. **Vous habitez à Paris ?** · · · · · · · · · · · · · **29**
   부 자비떼 아 빠히

5. **Je parle coréen !** · · · · · · · · · · · · · · · · · **35**
   쥬 빠흘르 꼬헤엥

6. **Une baguette, s'il vous plaît !** · · · · · · · · **42**
   윈 바겟뜨 씰 부 쁠레

7. **Vous allez tout droit. Il y a un arrêt de bus.** · · · **48**
   부 잘레 뚜 드후와 일리야 에나헤 드 뷔스

8. **Nous avons huit enfants.** · · · · · · · · · · · · **54**
   누 자봉 윗 떵펑

9. **J'ai mal à la tête.** · · · · · · · · · · · · · · · · **60**
   줴 말 알라 뗏뜨

10. **Vous aimez le sport ?** · · · · · · · · · · · · · **66**
    부 제메 르 스뽀흐

11. **Tu peux me présenter cette jolie fille ?** · · · **72**
    뛰 쁴 므 프헤정떼 쎗뜨 졸리 피으

목 차

12. Je vais à la gare Saint-Lazare en métro. · · · · · · · **78**
쥬 베 알 라 갸흐 쌩 라자흐 엉 메트호

13. On se voit à quelle heure ? · · · · · · · · **84**
옹 스 부와 아 껠 뤠흐

14. Je me lève tôt et je me couche tard. · · · · **90**
쥬 므 레브 또 에 쥬 므 꾸슈 따흐

15. J'ai raté mon train. · · · · · · · · · · **96**
쥬 하떼 몽 트헹

16. Ici, il fait très froid en hiver. · · · · · · **103**
이씨 일 풰 트헤 프후아 어니베흐

17. Je suis sorti de chez moi à 6 heures du matin. · · · · **109**
쥬 쒸 쏘흐띠 드 쉐 무아 아 씨 줴흐 뒤 마땡

18. Au club du sport · · · · · · · · · · · **114**
오 끌륍 뒤 스뽀흐

19. Ça coûte combien ? · · · · · · · · · **120**
싸 꿋뜨 꽁비엥

20. Nous allons partir en vacances. · · · · · · **126**
누 잘롱 빠흐띠흐 엉 바껑쓰

21. Quand j'étais petit… · · · · · · · · · **132**
껑 제떼 쁘띠

22. Au voleur ! Arrêtez-le ! · · · · · · · · **136**
오 볼레흐 아헤떼 르

I. 프랑스어 알파벳 (L'Alphabet français)

A a [a]	H h [aʃ]	O o [o]	V v [ve]
B b [be]	I i [i]	P p [pe]	W w [duvlve]
C c [se]	J j [ʒi]	Q q [ky]	X x [iks]
D d [de]	K k [ka]	R r [ɛːr]	Y y [igrɛk]
E e [ə]	L l [ɛl]	S s [ɛs]	Z z [zɛd]
F f [ɛf]	M m [ɛm]	T t [te]	
G g [ʒɛ]	N n [ɛn]	U u [y]	

II. 철자기호 (Les Signes Orthographiques)

(1) accent aigu : ´

철자 e 위에 붙이며, 발음은 [e]

bébé, café, école, été

(2) accent grave : `

철자 a, e, u 위에 붙이며 e는 [ɛ]로 발음되고 à나 ù는 철자기호는 없는 a, u와 발음상의 변화는 없다

à, mère, où

(3) accent circonflexe : ^

철자 a, e, i, o, u 위에 붙으며 이 기호가 붙은 모음은 약간 길게 발음하며 ê는 [ɛ]로 발음한다.

âne, fête, île, pôle, sûr

(4) cédille : ç

철자 c아래에 붙어서 ç가 [s] 발음이 나게 한다.

garçon, français, leçon

(5) tréma : ¨

연속된 모음을 따로 따로 발음하라는 기호이다.

maïs, Noël

(6) apostrophe : ´

모음으로 끝나는 단어와 모음이나 무음의 h(hmuet)로 시작되는 단어가 만났을 때, 앞 단어의 모음이 생략되었음을 표시한다.

la + amie ⇒ l´amie

le + homme ⇒ l´homme

si + il ⇒ s´il

(7) trait d´union : −

두 개이상의 단어로 합성어를 만들거나 동사와 대명사 주어를 도치시킬 때 사용한다.

petit-enfant,   est - il grand

Ⅲ. 발음

(1) 단모음

철자	발음	예	비고
a	[a]	ami, banane, café, dada, papa	
e	[e] [ɛ] [ə] [ ]	bébé, chéri, nez père, fête, fer ceci, demain, petit, grande, lampe, plage	* 발음하지 않는 끝자음 앞의 e는 주로[e] * 발음하는 끝자음 앞의 e는 [ɛ] * 단어 끝의 e는 바로 앞 자음을 발음하게 하는 역할
i, î	[i]	cinéma, île, si	
o	[o] [ɔ]	O.K. pot, sosie nord, opéra, topique	
u	[y]	humanisme,	
y	[i]	dynamique, pyjama	

(2) 복합모음

철자	발음	예	비고
ai	[ɛ] [e]	bai, mai, saison aide, daigner, saisie	
ei	[ɛ]	neige, seize,	
au, eau	[o]	haut, sauce, eau, bateau	
ou	[u]	ou, soupe, vous	
oi	[wa]	moi, toi, voix,	
eu,	[ø]	bleu, feu, monsieur	단어의 끝소리가 eu로 끝나는 경우
eu	[œ]	heureux, peur, coeur	eu 다음에 다른 발음이 있는 경우

(3) 비모음

철자	발음	예	비고
am, an, em, en	[ã]	lampe, ban, temps	
om, on	[õ]	nom, bon	
un, um	[œ̃]	un, parfum	최근 이 발음은 [ɛ]으로 통합되는 경향이 있음
im, in, aim, ain, ein	[ɛ̃]	simple, vin, faim, vain, peintre	

(4) 자음

철자	발음	예	비고
b	[b] [p]	bain, balcon absent, observer, obtenir	a, i, o + b / s / t ⇒ [p]
p	[p]	papa, rap	

d	[d]	dans, sud	
f	[ʃ]	feu, fille	
c	[k] [s]	cahier, Corée, cuisine ceci, place, cycle, garçon	c + a,o, u ⇒ [k] c + e, i, y ⇒ [s]
g	[g] [ʒ]	gare, gourmand, longue gentil, giraf, gymnase	g + a, o, u ⇒ [g] g +e. i, y ⇒ [ʒ]
s	[s] [z]	salade, si, soleil, rose, saison, vase	* 모음사이에 s는 [z]발음
t	[t] [s]	amitié, portier, sept ambition, nation, partiel	
r	[r]	terre, Hervé	
m	[m]	femme, Emma	
l	[l]	elle, Isabelle	
ch	[ʃ]	chez, chat	
w	[v] [w]	wagon, tramway	
x	[ks] [gz] [is]	texte, excellent examen, exercice, exemple, six, dix	
ill	[ij] [il]	famille, fille, billet ville, mille, tranquille, million, village	-ill의 l은 일반적으로 발음되지 않으나 5개의 예외가 있음

(5) 반모음

철자	발음	예	비고
i, y	[j]	piano, cahier, crayon	
u	[ɥ]	nuit, pluie, muet	
ou	[w]	oui, toit, oiseau	

1 Bonjour! Je m'appelle Jo-A KIM.

Yannick : Bonjour, Vous êtes japonaise ?
봉쥬흐　　부　젯뜨　좌뽀네즈

Jo-A　　 : Non. Je suis coréenne.
농　쥬　쒸　꼬헤엔느

Yannick : Ah, moi je suis français. Je m'appelle Yannick. Yannick
아, 무와 쥬 쒸 프헝쎄 쥬 마뻴 야닉 야닉

Vincent. Et vous ?
뱅썽 에 부

Jo-A　　 : Moi, je m'appelle Jo-A KIM. Enchantée !
무와 쥬 마뻴 조아 킴 엉셩떼

---

1. 안녕하세요! 제 이름은 김 조아입니다.

야닉 : 안녕하세요? 일본분이신가요?

조아 : 아니요. 전 한국 사람입니다.

야닉 : 아, 전 프랑스 사람이예요. 이름은 야닉, 야닉 뱅상입니다. 당신은요?

조아 : 전 김 조아라고해요. 반가와요!

 ## 단어와 숙어 

bonjour n.m. 안녕하세요
봉쥬흐

je m'appelle … 제 이름은 …입니다.
쥬   마뻴

moi pro. 나(je)의 강세형 인칭대명사
무와

enchanté(e) 반가운, 반가워요.
엉셩떼   (처음 만남에서 하는 인사)

Je pro. 나
쥬

suis v. …(나는)…이다. : être 동사의 1인
씨   칭 단수 형태

Vous pro. 당신
부

êtes v. (당신은) …이다. : être 동사의 2인
엣뜨   칭 단수·복수 형태

japonais(e) a. 일본(사람)의
좌뽀네(즈)

professeur n.m. 선생님 / 교수
프호페쒜흐

étudiant(e) n. 학생
에뛰디엉(뜨)

coréen(ne) a. 한국(사람)의
꼬헤엥(엔느)

français(e) a. 프랑스(사람)의
프헝쎄(즈)

chinois(e) a. 중국(사람)의
쉬누와(즈)

américain(e) a. 미국(사람)의
아메리깽(깬느)

oui 예
위

non 아니요.
농

mademoiselle n.f. 아가씨
마드무와젤

monsieur n.m. …씨, 선생님
무씨유

madame n.f. 부인
마담

이름과 성

프랑스 사람들은 이름을 '**이름(prénom) + 성(nom)**'의 순서로 말한다. 그리고 일반적으로 성은 모두 대문자 알파벳으로 쓴다. 프랑스 사람들의 성에는 형용사, 직업명사 혹은 장소 명사 등 재미난 성들이 많이 있다:

BLANC (blanc 하얀색), **NOIR** (noir 검은색), **GRAND** (grand 큰), **PETIT**(petit 작은)
BOULANGER(boulanger 빵집주인), **CORDONNIER**(cordonnier 구두 수선공)
DUPONT(pont 다리), **DUCHAMP** (champ 들판), **DUMONT**(mont 산) …

프랑스에서 가장 인기있는 이름은 어떤 것일까? 매년 결과는 바뀌지만 **Notrefamille.com**에서 2005년도에 태어난 프랑스 아기중 7000명을 대상으로 한 조사결과는 다음과 같다.

	1	2	3	4	5		1	2	3	4	5
여자아이 (fille)	Emma 엠마	Clara 끌라하	Manon 마농	Agnès 아녜스	Léa 레아	남자아이 (garçon)	Enzo 엔조	Hugo 위고	Lucas 뤼까	Théo 떼오	Mathéo 마떼오

BERNARD, THOMA, MARIE …는 이름과 성이 모두 있다. 경우에 따라 "**Bernard BERNARD**"라는 같은 이름과 성을 가진 사람도 있을 수 있다.

1. 주격인칭 대명사와 **être**동사 현재변화

주격인칭대명사		être 동사변화 (~이다/~이 있다)
1인칭 단수 (나)	Je	suis
2인칭 단수 (당신)	Vous	êtes

■ 주어 + être동사 + 형용사 / 명사 (주어가 ~이다)

- Je suis français. 나는 프랑스사람입니다.
  쥬 쒸 프헝쎄

  Je suis étudiant. 나는 학생입니다.
  쥬 쒸 에뛰디엉

- Vous êtes japonais. 당신은 일본사람이군요.
  부 젯뜨 좌뽀네

  Vous êtes médecin. 당신은 의사시군요.
  부 젯뜨 매드쎙

2. 의문문 (1)

긍정문(Phrase affirmative)	의문문(Phrase interrogative)
• Ah ~ Vous êtes japonais. 　아　　부　젯뜨　좌뽀네 아 ~ 당신은 일본인이군요.	• Vous êtes japonais? 　부　젯뜨　좌뽀네 당신은 일본인입니까?
• Vous êtes professeur. 　부　젯뜨　프호페쒜흐 당신은 선생님이시군요.	• Vous êtes professeur? 　부　젯뜨　프호페쒜흐 당신은 선생님이신가요?

- Vous êtes belge?
  부 젯뜨 벨쥬
  벨기에 분이신가요?

  – Non, je suis canadien.
  농 쥬 쒸 까나디엥
  아니요. 저는 캐나다사람입니다.

- Vous êtes médecin?
  부 젯뜨 매드쎙
  의사신가요?

  – Non, je suis ingénieur.
  농 쥬 쒸 엥줴니예흐
  아니요. 전 엔지니어입니다.

3. 강세형 인칭대명사

주 격	강세형	주 격	강세형
je	moi	vous	vous

(1) 주어를 강조하기 위해 사용된다.

Moi, je suis français. 저는요, 저는 프랑스인입니다.
무와 쥬 쒸 프헝쎄

(2) 접속사 Et (그리고)와 전치사 뒤에 인칭 대명사가 올때, 강세형인칭대명사가 온다.

Je suis chinois. Et **vous** ? / Tu viens avec **moi** ?
쥬 쒸 쉬누와 에 부   뛰 비엥 아벡 무아

저는 중국사람입니다. 당신은요? / 나와 같이 갈래요?

4. 형용사의 여성형만들기

프랑스어는 주어의 성과 수에 따라 그것을 수식하는 혹은 설명하는 형용사를 일치시켜야 한다.

(1) 일반적으로 형용사의 여성형은 남성형에 –e를 첨가하여 만든다. 이 때 남성형에서 소리나
   지 않던 끝자음이 발음된다.

남성 형용사	여성 형용사
français	français**e**
japonais	japonais**e**
chinois	chinois**e**

• Vous êtes américaine ? 미국인이신가요?
   부   젯뜨   아메히껜느

– Non, je suis française. 아니요. 프랑스 사람입니다.
   농 쥬 쒸   프헝쎄즈

– Moi, je suis allemand. 저는 독일사람이예요.
   무아 쥬 쒸   알르멍

(2) coréen (한국(사람)의)의 경우처럼 –en으로 끝나는 형용사는 끝자음을 겹치고 e를 붙인다.

• Je suis coréen. → Je suis coréenne. 저는 한국사람입니다. (남→여)
   쥬 쒸 꼬헤엥   쥬 쒸   꼬헤엔느

• Je suis italien. → Je suis italienne. 저는 이탈리아 사람입니다. (남→여)
   쥬 쒸 이딸리엥   쥬 쒸 이딸리엔느

(3) 남성형 형용사가 –e로 끝난 경우에는 여성형이 동일한 경우가 많다.

• Je suis belge. 저는 벨기에 사람입니다. (남)
   쥬 쒸 벨쥬

– Moi aussi, je suis belge. 저도 벨기에 사람입니다. (여)
   무와 오씨 쥬 쒸 벨쥬

(4) 남성과 여성이 완전히 다른 형태의 형용사들도 있다.

• Vous êtes **beau** ! / Vous êtes **belle** ! 당신은 미남이에요 / 당신은 미인이시네요.
   부   젯뜨   보   부   젯뜨   벨

• vieux – vieille 나이든 / gentil – gentille 친절한 / blanc – blanche 하얀
   비웨   비예이   정띠   정띠으   블렁   블렁슈

Bonjour ! 안녕하세요 ! (오전 – 오후까지의 인사)
봉쥬흐

Bonsoir ! 안녕하세요 ! / 안녕히 가세요(저녁 인사)
봉쑤와흐

Bon après-midi 좋은 오후보내세요!
보 나프헤 미디

Bonne nuit ! 잘 자요!
본 뉘

Bon rêve ! 좋은 꿈꿔요! (밤인사)
봉 헤브

Ça va ? 안녕하세요?
싸 바

Comment ça va ? 어떻게 지내세요?
꺼멍 싸 바

Comme ci comme ça. 그냥 그래요.
껌 씨 껌 싸

Ça va bien. 잘 지내요.
싸 바 비엥

Vous allez bien ? 잘 지내시죠? (격식을 갖춘 사이의 인사)
부 잘레 비엥

Je vais bien, Merci. 잘 지냅니다. 감사합니다.
쥬 베 비엥 메흐씨

Salut ! 안녕 ? / 안녕하세요? (친한 사이의 인사)
쌀뤼

Au revoir ! 안녕~ / 안녕히 가세요.
오 흐부와흐

À tout à l'heure ! 조금 이따 만나요!
아 뚯 딸뤠흐

À demain ! 내일 봐요!
아 드멩

À la prochaine ! 다음에 봐요!
알 라 프호쉔느

À bientôt ! 안녕(곧 봐요.)
아 비엥또

Ciao !(Tchao !) 안녕~
챠오

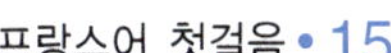

연 습 해 보 기 

I. 다음 대화를 듣고 __________을 채워 봅시다. 🎧

- Bonjour ! Je (1) ______________ Jihé KIM. (2) Et ______________ ?
- (3) __________, ______________ Paul, Paul DUCHAMP. (4) Je suis __________ Et vous?
- Moi, (5) __________ ____________ ____________.
- Enchanté.

II. 다음 문장을 들으면서 남성형과 여성형을 구분하여 받아적어 봅시다. 🎧

(1) Je suis ______________________.   (2) Vous êtes ______________________.

(3) Je suis ______________________.   (4) Vous êtes ______________________.

(5) Vous ____________ ____________ ?   (6) Moi, ____________ ____________.

III. 다음 각 대화를 완성해 보세요.

(1) Vous vous appelez comment ? – ______________________________ Ji–Won.

　　* Vous vous appelez comment? (성함이 어떻게 되시나요?) : 이름을 묻는 표현

(2) Ah, vous __________ beau et chic aujourd'hui ! – Merci.

(3) __________ __________ __________ comment ? – Je m'appelle Élise.

(4) Je suis professeur. Et ______ ?

(5) Moi, __________ __________ __________.

IV. 이름과 국적을 말하며 간단하게 자신을 프랑스어로 소개해 봅시다.

____

Zidane : Bonjour, je suis Zidane.
봉쥬흐 쥬 쒸 지단

Bertrand : Zinédine Zidane ? Vous êtes footballeur ? Je suis ravi de
지네딘 지단? 부 젯뜨 풋볼뤠흐? 쥬 쒸 하비 드

vous voir. Moi, c'est Arthus-Bertrand.
부 부아흐 무아 쎄 아르뷔스 베흐트헝

Zidane : Vous··· êtes musicien ? Ou acteur?
부··· 젯뜨 뮈지씨엥? 우 악뛰흐

Bertrand : Mais non, je suis photographe.
메 농 쥬 쒸 포토그라프

Zidane : Ah ! Désole ! Vous êtes un photographe d'art célèbre.
아 데졸레 부 젯뜨 엥 포토그라프 다흐 쎌레브흐

2. 지단은 축구선수입니다.

지단 : 안녕하세요? 저는 지단입니다.

베르트랑 : 지네딘 지단? 당신은 축구선수이시죠? 만나 뵈서 반갑습니다. 저는 아르튀
스 베르트랑입니다.

지단 : 당신은··· 음악가입니까? 아니면 배우이신가요?

베르트랑 : 아닙니다, 저는 사진작가입니다.

지단 : 아! 미안합니다. 당신은 유명한 예술 사진 작가이시군요.

🔵 단어와 숙어

Je pro. 나
쥬

suis v. …이다 : être 동사의 1인칭 단수 형태
쒸

footballeur n.m. 축구선수
풋볼뤠흐

Vous pro. 당신
부

ravi (e) a. 반가운, 기쁜
하비
(처음 만남에서 하는 인사)

voir v. 보다, 만나다.
부아흐

Moi 나(je)의 강세형 인칭대명사
무아

C'est 그것은 …이다.
쎄

musicien(ne) n. 음악가
뮈지씨엥(엔느)

acteur(trice) n. 배우
악뙤흐(악트히스)

mais 그러나
메

non 아니요.
농

mais non 아니예요.
메 농
(여기서 mais는 강조의 의미)

photographe n. 사진작가, 사진사
포토그라프

Ah 아(감탄사)
아

désolé(e) a. 미안한, 유감스러운
데졸레

art n.m. 예술
아흐

célèbre a. 유명한, 인기 있는
쎌레브흐

프랑스의 직업들

- sommelier(ère) : 포도주 감별사
- pâtissier(ère) : 케익 제조자
- forain : 유랑극단 배우
- arracheur : 19세기의 치과의사
- porteur du bain : 19세기 욕탕 운반인
- ange de gardien : 19세기 대리 운전사
- parfumeur : 조향사
- garçon : 카페 웨이터
- alpiniste des carreaux : 고층 창유리
  청소부

1. 주어 + être동사 + 직업 명사

; 이때는 직업 명사 앞에 관사를 사용하지 않는다.

- Je suis professeur. 나는 선생님입니다.
  쥬 쒸   프호페쒜흐

- Vous êtes pianiste. 당신은 피아니스트시군요.
  부   젯뜨 삐아니스뜨

2. 직업 명사 / 직업 명사의 여성형

(1) 남성 형태의 직업 명사만 있는 경우

; médecin 의사 / ingénieur 엔지니어 / professeur 선생님, 교수 / écrivain 작가
  매드쌩   엥줴니예흐   프호페쒜흐   에크히벵

* 남녀 모두 남성형태를 취하는 이러한 직업명사 앞에 「une femme」를 사용해서 여성임을 나타내기도 하
나 일상생활에서 자주 사용되지 않는다.

(2) 직업 명사의 여성형 : 남성형태의 직업명사 + e

; étudiant – étudiante 학생 / avoact – avocate 변호사
  에뛰디엉   에뛰디엉뜨   아보까   아보까뜨

(3) –e로 끝나는 경우 남성형태와 여성형태의 직업명사 동일

; pianiste 피아니스트 / journaliste 기자 / architecte 건축가 / secrétaire 비서
  삐아니스뜨   주흐날리스뜨   아흐쉬떽뜨   스크헤떼흐

(4) 어미가 불규칙하게 변하는 경우

; danseur – danseuse 댄서 / chanteur – chanteuse 가수
  덩쒜흐   덩쒜즈   성뛔흐   성뛔즈

acteur – actrice 배우 / musicien – musicienne 음악가
악뛔흐   악트히쓰   뮈지씨엥   뮈지씨엔느

(5) 직업명사 앞에는 관사를 사용 않으나 그 명사를 꾸며주는 경우나 C'est와 함께 사용될
경우 관사 사용

; Il est professeur. 그는 선생님이다. / C'est un journaliste. 그는 기자이다.
  일 레   프호페쒜흐   쎄   떵 쥬흐날리스뜨

; Il est un professeur très connu. 그는 아주 잘 알려진 선생님이다.
  일 레 떵 프호페쒜흐 트헤 꼬뉘

Zinédine Zidane
footballeur(축구선수)

Arthus-Bertrand
photographe(사진작가)

Édith Piaf
chanteuse(여가수)

Nicolas Sarkozy
président(대통령)

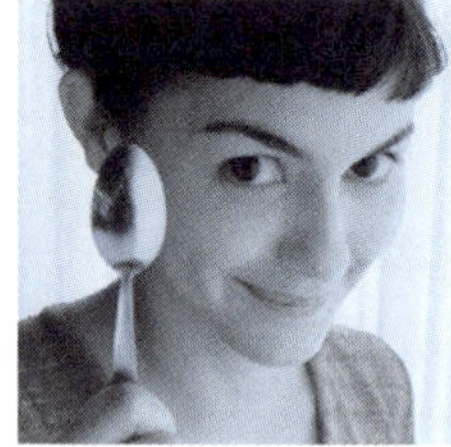

Audrey Tautou
actrice(여배우)

Victor Hugo
écrivain(작가)

Gustave Eiffel
architecte(건축가)

Gérard Depardieu
acteur(남배우)

Salvadore Dali
peintre(화가)

Ernest Beaux
parfumeur (조향사)

Coco Chanel
dessinatrice(디자이너)

Marie Curi
chimiste(화학자)

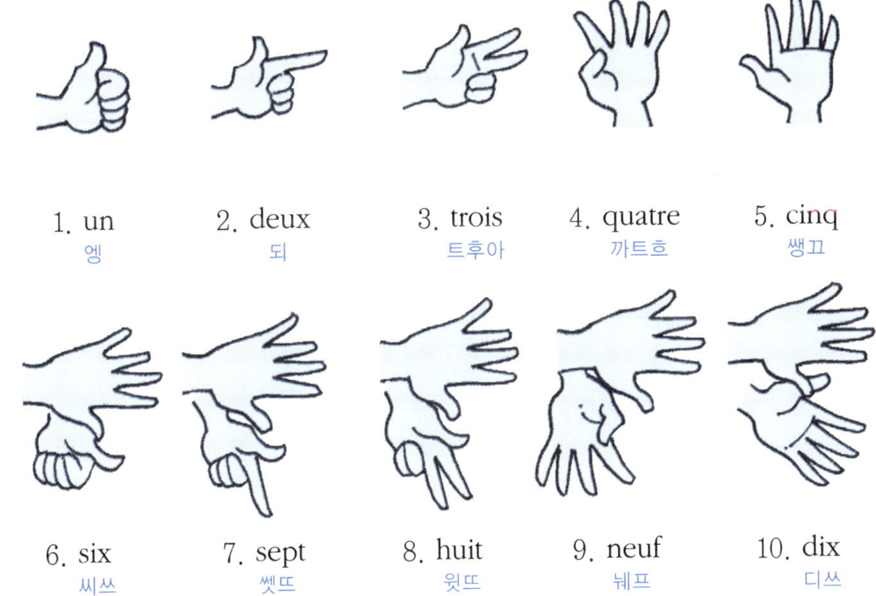

1. un
엥

2. deux
되

3. trois
트후아

4. quatre
까트흐

5. cinq
쌩끄

6. six
씨쓰

7. sept
쎗뜨

8. huit
윗뜨

9. neuf
뇌프

10. dix
디쓰

⊙ sept의 p는 발음하지 않는다. 하지만 septembre에서 p는 발음된다.

  ; sept / septembre
  쎗뜨   쎕떵브흐

⊙ cinq, six, huit, dix 다음에 livre나 mois 같은 자음으로 시작되는 단어가 오는 경우 마지막 자음은 발음하지 않는다. 하지만 sept나 neuf의 마지막 자음은 항상 발음한다.

  ; cinq – cinq livres 5권의 책 / six – six tables 6개의 테이블
  쌩끄   쌩 리브흐   씨쓰   씨 따블

   huit – huit garçons 8명의 소년 / dix – dix voitures 열대의 자동차
   윗뜨   윗 갸흐쏭   디쓰   디 부아뛰흐

  ; sept – sept maisons 7개의 집 / neuf – neuf mois 9개월
  쎗뜨   쎗뜨 메종   뇌프   뇌프 무아

⊙ neuf는 [nœf]로 발음되지만 ans이나 heures, hommes 앞에서는 [nœv]로 발음된다.

  ; neuf / neuf ans (9살) – neuf heures (9시) – neuf hommes (9명의 남자)

연 습 해 보 기

I. 다음 상황에 맞는 대화를 만들어 봅시다.

- Vous êtes ___________?
- Oui, je suis ___________. Et vous? Vous êtes __________?
- Non, je suis _____________.

II. 다음 명사의 여성형을 쓰시오

- infirmier _____________
- acteur ____________
- instituteur ____________
- chirurgien ____________
- étudiant ____________

- parfumeur _______________
- danseur _____________
- paysan _____________
- dessinateur _____________
- maître _____________

III. 상대에게 직업을 말하며 간단하게 자신을 프랑스어로 소개해 봅시다.

____

Lucie : Qui est – ce? Il est beau et chic!
　　　　끼 에 쓰 일 레 보 에 쉭

Paul : C'est M. CAMUS. Il est professeur de français.
　　　　쎄 무씨유 까뮈 일 레 프호페쒜흐 드 프헝쎄

Lucie : Ah bon ! Et elle, qui est – ce?
　　　　아 봉 에엘 끼 에 쓰

Paul : C'est Laura Adjani. C'est une journaliste.
　　　　쎄 로하 아쟈니 쎄 뛴 쥬흐날리스트

Lucie : Pourquoi ils sont ensemble?
　　　　뿌흐꾸와 일 송 엉썽블르

Paul : Ben… Ils sont en concubinage depuis un an.
　　　　벵 일 송 떵 꽁뀌비나쥬 드쀠 에 넝

3. 저 사람은 누구야?

뤼시 : 저 사람 누구야? 잘생기고 멋지다.

뽈 : 꺄뮈씨잖아. 프랑스어 선생님이야.

뤼시 : 아, 그래? 그런데 저 여자는 누군데?

뽈 : 로라 아자니지. 기자야.

뤼시 : 그런데 왜 둘이 함께 있지?

뽈 : 음… 저 사람들, 일년 전부터 동거하잖아.

● 단어와 숙어

qui 누구 (의문대명사) 끼	**ensemble** 함께 엉썽블르
ce 이 / 그 / 저 것(사람) 쓰 (지시대명사)	**ben...** 음… 벵
beau(belle) a. 잘생긴, 아름다운 보 (벨)	**depuis** 이후로 드쀠
chic a. 멋진 쉭	**an** n.m 해, 년 엉
journaliste n. 기자 쥬흐날리스뜨	**concubinage** n.m. 동거 꽁뀌비나쥬
professeur n. 교수 프호페쒜흐	**ah bon !** 아, 그래! 아 봉
pourquoi 왜 뿌흐꾸와	

동거

　프랑스어에는 'concubinage(꽁뀌비나쥬)'를 비롯하여 'union libre(위니용 리브흐)', 'cohabitation sans mariage(꼬아비따씨용 썽 마히야쥬)', 'ménage de fait(메나쥬 드 페)' 등 동거에 대한 표현이 다양하다. 이는 그만큼 프랑스 사회에서 동거라는 현상이 중요한 자리를 차지한다는 것을 의미하는데, 30대 이전의 부부중에는 결혼한 부부보다 동거 커플이 더 많다는 집계 결과 또한 이 사실을 뒷받침해 준다. 동거는 사회적으로 용인된 현상으로서, 1999년 11월 16일자로 시행되고 있는 팍스(Pacte Civil de Solidarité : PACS, 시민연대협약)는 동성 연애자들의 동거도 법적으로 인정해주는 법률이다. 동거계약을 체결하여 신고를 하면 사회적 혜택을 누릴 수 있다. 그대신 팍스로 신고한 동거인들은 사회적 보호와 함께 서로에 대한 의무도 지켜야 한다.

1. 지시대명사 Ce

ce는 사람과 사물을 가리키는 지시 대명사이다. 우리 말의 이 / 그 / 저 것(사람)(들)을 가리키고 성과 수의 구분이 없다.

(1) C'est + 보통 명사

• Qui est ce? 저사람(들)은 누구죠?

– C'est mon professeur.
쎄 몽 프호페쒜흐
(저분은 저의 교수님이세요)

– Ce sont des stagiaires.
쓰 쏭 데 스따쥐예흐
(저 사람들은 실습생들입니다)

(2) C'est + 이름

C'est Louise. Elle est une amie à moi. (저 사람은 루이즈예요. 제 친구죠)
쎄 루이즈 엘 레 위 나미 아 무와

• Qu'est – ce que c'est ? 저건 뭐예요?
께 스 끄 쎄

– C'est la tour Eiffel. 에펠 탑이요.
쎄 라 뚜흐 에펠

(3) C'est + 강세형 인칭대명사

• Qui est à l'appareil ? 누구세요?
끼 에 딸라빠헤이

– C'est moi. André. (접니다. 앙드레예요)
쎄 무와 엉드헤

• Qui est Lisa ? (리자가 누구죠?)
끼 에 리자

– C'est elle. (저 여자예요)
쎄 뗄

> **강세형 인칭대명사** (pronom tonique)
>
> moi
> toi
> lui / elle
> nous
> vous
> eux / elles

2. 명사의 여성형만들기

명사의 여성형 만드는 방법은 형용사의 경우와 거의 일치한다.

여성형 명사 만들기	남성 명사 → 여성 명사
남성형 + e	étudiant → étudiante 학생, marchand → marchande 상인 에뛰디엉　에띠뒤엉뜨　　마흐성　마흐성드
– er → ère	boulanger → boulangère 빵집주인 불렁줴　불렁줴흐 banquier → banquière 은행가 벙끼예　벙끼예흐
– eur → euse	vendeur → vendeuse 점원, serveur → serveuse 웨이터 벙뒈흐　벙뒈즈　　쎄흐붸흐　쎄흐붸즈
– en → enne	Coréen → Coréenne 한국인 꼬헤엥　꼬헤엔느 informaticien → informaticienne 정보처리기술자 엥포흐마띠씨엥　엥포흐마띠씨엔느
– ien → ienne	musicien → musicienne 음악가 뮈지씨엥　뮈지씨엔느 pharmacien → pharmacienne 약사 파흐마씨엥　파흐마씨엔느
– teur → trice	acteur → actrice 배우, directeur → directrice 사장 악뙈흐　악트히쓰　　디헥뙈흐　디헥트히쓰
남성 여성 동일	journaliste 기자, stagiaire 실습생, élève 학생, 주흐날리스뜨　　스따쥐예흐　　엘레브 pianiste 피아니스트, dentiste 치과의사, comptable 회계원 삐아니스뜨　　덩띠스뜨　　꽁따블르 libraire 책방주인, interprète 통역가 리브헤흐　　엥떼흐프헷뜨
완전히 다른 형태	père → mère, frère → soeur, homme / mari → femme 뻬흐　메흐　프헤흐　쒜흐　엄므　마히　팜므

＊ 남성형만 있는 직업 명사들

professeur 교수, écrivain 작가, magistrat 판사, médecin 의사, ingénieur 엔지니어
프호페쒜흐　　　에크히벵　　　마쥐스트하　　　메드쌩　　　엥제니웨흐

＊ 여성임을 명시적으로 밝힐 경우에는 C'est **une femme** chauffeur de taxi. 처럼 femme을
직업명사 앞에 놓는다.

＊ 여성형만 있는 직업 명사들

sage femme 조산원, femme de ménage 가정부

Quelle est votre profession ? 직업이 무엇인가요?
껠　레　보트흐　프호페씨용

• Je suis professeur. Et vous ? 저는 선생님입니다. 당신은요?
쥬　쒸　프호페쒜흐　에　부

– Moi, je suis journaliste. 저는 기자입니다.
무와　쥬　쒸　쥬흐날리스뜨

• Vous êtes chanteuse ou actrice ? 당신은 가수인가요 아니면 배우인가요?
부　젯뜨　셩뚸즈　우　악트히쓰

– Moi, je suis étudiante. 저는 학생인데요.
무와　쥬　쒸　제뛰디엉뜨

• Quelle est votre profession ? 직업이 무엇인가요?
껠　레　보트흐　프호페씨용

– Je suis informaticienne. 저는 정보처리기사입니다.
쥬　쒸　엥포흐마띠씨엔느

– **Qui est -ce ?** (저 사람이 누구지요?)
끼　에　쓰

– C'est M.Bruno. (브뤼노씨 입니다.)
써　무씨유 부휘노

Qu'est -ce que c'est ? (이게 뭐야?)
께　스　끄　쎄

Surprise (깜짝선물이야.)
쒸흐프히즈

연 습 해 보 기

I. 본문의 내용에 비추어 사실(vrai)인지 거짓(faux)인지 말해봅시다.

(1) M. Camus, il est journaliste.　　V　　F　　?

(2) Laura est journaliste.　　V　　F　　?

(3) M. Camus est sympa.　　V　　F　　?

(4) Laura est française.　　V　　F　　?

(5) M.Camus est marié.　　V　　F　　?

Ⅱ. 다음 단어 중 들리는 단어에 ∨표시를 해 보세요.

(1) étranger ____________ étudiante ____________ étrangère ____________

(2) monsieur ____________ madame ____________ messieurs ____________

(3) présentateur ____________ professeur ____________ présentatrice ____________

Ⅲ. 다음 단어를 듣고, 단어를 완성해 보세요.

(1) boulan ____________　　(2) méde ____________　　(3) journal ____________

Ⅳ. 다음 대화를 완성해 보세요.

(1) Qui est – ce ?　– ____________ M. Dupont.

(2) ____________ – C'est mon voisin.

(3) Quelle est votre profession ?　– Je suis ____________ .

* Quelle est votre profession? 당신 직업은 무엇인가요?

V. 남성형을 여성형으로 바꾸어보세요.

(1) Il est ouvrier. Elle est ____________ .

(2) Il est infirmier. Elle est ____________ .

(3) Il est interprète. Elle est ____________ .

(4) Il est salarié. Ellé est ____________ .

• ouvrier	노동자
• infirmier	간호원
• interprète	통역사
• salarié	샐러리맨

Lucie :　Bonjour, vous êtes français ? Vous parlez bien français.
봉쥬흐　부　젯뜨 프헝쎄　부　빠흘레 비엥 프헝쎄

Thomas :　Merci, mais je suis suisse.
메흐씨　메　쥬 쒸　쒸쓰

Lucie :　Ah, bon ! Vous habitez à Genève?
아　봉　부　쟈비떼 아　쥬네브

Thomas :　Oui. Et vous, vous habitez à Paris?
위 에 부　부　쟈비떼 아 빠히

Lucie :　Oui, j'habite à Paris, dans le 18e arrondissement.
위　쟈비뜨 아 빠히　덩 르 디즈위띠엠므　아홍디쓰멍

Je suis étudiante.
쥬 쒸　제뛰디엉뜨

---

4. 당신은 파리에 사시나요?

뤼시 : 안녕하세요? 프랑스 분이신가요? 불어를 잘 하시네요.

또마 : 고맙습니다. 하지만 전 스위스 사람입니다.

뤼시 : 아, 그렇군요, 당신은 제네바에 사십니까?

또마 : 그래요. 당신은 파리에 사시나요?

뤼시 : 네, 파리 18구에 살고 있습니다.
　　　저는 대학생입니다.

● 단어와 숙어

habitez v. habiter(살다)의 2인칭복수형태 아비떼	**18ᵉ dix-huitième** (18번째의) 디즈 윗띠엠므
à …에 아	**suisse** a. 스위스의, 스위스 사람의 쒸쓰
êtes v. être(…이다)의 2인칭 복수형태 에뜨	**Genève** n. 제네바 쥬네브
français(e) a. 프랑스의, 프랑스 사람의 프헝쎄	**ah bon** 그렇구나, 그래 아 봉
parlez v. parler(말하다)의 2인칭복수형태 빠흘레	**j'habite** v. je (나는)와 habiter(살다)에서 쟈비뜨　모음이 축약된 형태
arrondissement n. (프랑스) 시(市)의 아홍디쓰멍　구(區)	**étudiant(e)** 대학생 에뛰디엉(뜨)

파리 20구 : PARIS−20 ARRONDISSEMENTS

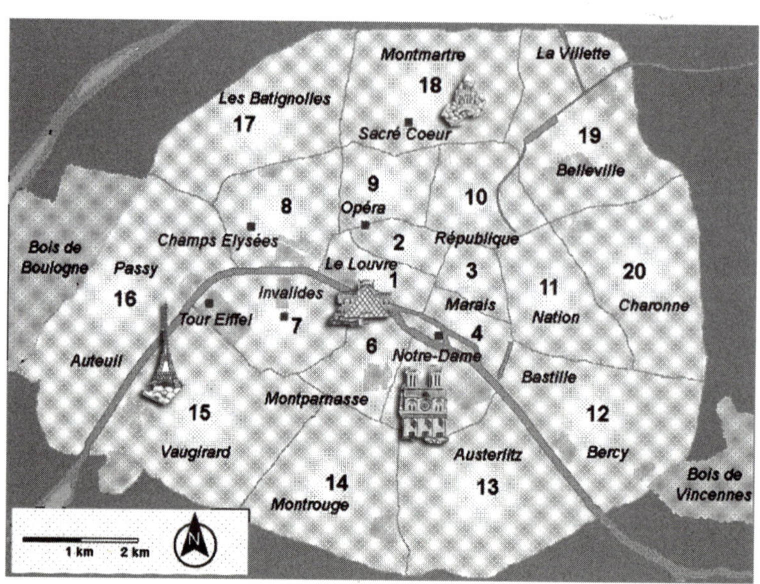

- arrondissement : (프랑스) 시(市)의 구(區)
- commune : '꼬뮌느'는 가장 작은 행정단위
- département : 몇 개의 꼬뮌느를 합한 행정단위로 우리나라의 '도' 정도에 해당
- région : 2개에서 8개의 데파르뜨망을 합한 행정단위로 우리나라의 '지방'에 해당

1. 1군 동사 : -er로 끝나는 규칙성을 가진 동사

- 어간 : **parler → parl**

- 어미 :

je	……	e
vous	……	ez

parler (말하다)	**danser** (춤추다)	**habiter** (살다)	**aimer** (사랑하다)
je parle vous parlez	je danse vous dansez	j'habite vous habitez	j'aime vous aimez

- Je의 경우, 모음이나 무음 h(h muet)로 시작하는 동사 앞에서 모음축약(Élision)이 일어나지만, 유음 h(h aspiré) 앞에서는 모음축약이 일어나지 않는다.
  ; je aime → j'aime / je habite → j'habite / je hais → j'hais

2. Ah bon : "그래?" "그렇구나!" "그러니?" 등 상황에 따라서 여러 가지 의미로 사용될 수 있다.

3. "~언어를 말하다"는 「parler + 무관사 + 해당언어」로 표현된다. 이 때 해당언어는 남성형태 단수 형용사를 쓰는 것에 유의하자.
   ; parler français / coréen / anglais / allemand / chinois / japonais / italien
   (불어를 / 한국어를 / 영어를 / 독일어를 / 중국어를 / 일본어/ 이탈리아어를 말하다)

   Elle parle français. 그녀는 프랑스어를 말한다.
   엘 빠흘르 프헝쎄

   Ils parlent italien. 그들은 이탈리아어를 말한다.
   일 빠흘르 띠딸리엥

; Elle est française. 그녀는 프랑스 여자이다.
  엘 레 프헝쎄즈

  Ils sont italiens. 그들은 이탈리아 사람들이다.
  일 쏭 띠딸리엥

5. 도시 이름이나 무관사 나라 이름 앞에는 「à」를 사용한다.

; à Paris / à Séoul / à Tokyo / à Londres / à Cuba / à Milan
  아 빠히   아 쎄울   아 또꾜   아 롱드흐   아 뀌바   아 밀렁
(파리에서 / 서울에서 / 도쿄에서 / 런던에서 / 쿠바에서 / 밀라노에서)

6. 여성형 나라나 모음으로 시작되는 나라이름 앞에는 「en」을 사용한다.

; en France / en Corée / en Suisse / en Italie / en Allemagne / en Iran
  엉 프헝쓰   엉 꼬헤   엉 쒸쓰   어니딸리   어날르마뉴   어니헝
(프랑스에서 / 한국에서 / 스위스에서 / 이탈리아에서 / 독일에서 / 이란에서)

7. 남성형 나라 앞에는 「au」를 사용한다.

; au Japon / au Canada / au Brésil / au Mexique
  오 쟈뽕   오 까나다   오 브헤질   오 멕씨끄
(일본에서 / 캐나다에서 / 브라질에서 / 멕시코에서)

8. 복수형 나라 앞에는 「aux」를 사용한다.

; aux États-Unis / aux Philippines / aux Pays-Bas
  오 제따 쥐니   오 필리삔느   오 뻬이 바
(미국에서 / 필리핀에서 / 네델란드에서)

● **최근에 생긴 동사들은 대부분이 1군 동사이다.**

- faxer (팩스를 보내다)
- photocopier (복사하다)
- surfer (인터넷상에서 이리 저리 돌아다니다)
- netphoner (인터넷상으로 전화하다)
- zapper (채널을 이리저리 돌리다)

■ Le nombre 2 - nombres ordinaux (서수) 

 1er premier, première
프흐미에 프흐미에흐

 2e deuxième, second(e)
되지엠므   쓰공(쓰공드)

3e troisième
트후아지엠므

 4e quatrième
까트히엠므

 5e cinquième
쌩끼엠므

6^e
sixième
씨지엠므

7^e
septième
쎗띠엠므

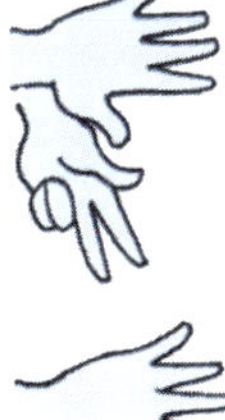 8^e
huitième
윗띠엠므

 9^e
neuvième
뇌비엠므

…마지막의   dernier, dernière
데흐니에   데흐니에흐

---

premier (ère) / second(seconde) / dernier(ère)를 제외하면 서수의 남성형태와
여성형태는 동일하다.

– La tour Eiffel est dans le 7e arrondissement. 에펠탑은 7구에 있다.
라 뚜흐 에펠 에 덩 르 쎗띠엠므 아롱디쓰멍

– Montmartre est dans le 18e arrondissement. 몽마르트르는 18구에 있다.
몽마흐트흐 에 덩 르 디즈위띠엠므 아홍디쓰멍

– Vous habitez dans quel arrondissement? 몇 구에 사시나요?
부 자비떼 덩 껠   아홍디쓰멍

– J'habite dans le l^{er}. 1구에 삽니다.
자빗뜨 덩 르 프흐미예

연 습 해 보 기

I. 다음 상황에 맞는 대화를 만들어 봅시다. 🎧

- Vous ______________ aux États-Unis ?

- Oui, je suis ______________. Et vous ? Vous êtes russe ?

- Ah, non, je suis ______________, j'habite sur Mars.

- Ah bon !

II. 인칭에 맞게 동사 변화를 시켜 봅시다.

1. Vous (danser : ______________) bien.

2. Elle (parler : ______________) un peu japonais.

3. Je (penser : ______________). Donc je suis.

4. Nous (habiter : ______________) à Montréal.

5. Je (adorer : ______________) la musique.

III. à / au / en / aux로 다음의 문장을 완성해 봅시다.

1. Elle va ______________ Tokyo, ______________ Japon.

2. Il habite ______________ Milan, ______________ Italie.

3. Je suis ______________ Séoul, ______________ Corée.

4. Les chutes de Niagara sont ______________ Canada et ______________ États-Unis.

5. Le Big Ben est ______________ Londres ______________ Angleterre.

5 Je parle coréen !

Héri : Excusez - moi. Vous parlez anglais ?
엑스뀌제　무와　부　빠흘레　엉글레

Jean : Non. Je ne parle pas anglais. Vous êtes chinoise ?
농　쥬　느　빠흘르　빠　엉글레　부　젯뜨　쉬누아즈

Héri : Non. Je suis coréenne.
농　쥬　쒸　꼬헤엔느

Jean : Ah bon ! Je parle coréen. 안녕하세요 ? Je suis étudiant de langue
아　봉　쥬　빠흘르　꼬헤엥　　　　쥬　쒸　제뛰디엉　드　렁그

coréenne à l'université Paris Ⅶ.
꼬헤엔느　아　뤼니베흐씨떼　빠히　셋뜨

Héri : Ah, tant mieux. Je suis perdue.
아　떵　뮈예　쥬　쒸　뻬흐뒤

---

5. 저는 한국말을 합니다!

혜리 : 죄송합니다. 혹시 영어하시나요?

샹 : 아니요. 영어 못합니다. 그런데 당신은 중국사람인가요?

혜리 : 아니요. 저는 한국사람이예요.

샹 : 아 그래요! 저 한국말하는데요. 안녕하세요? 저는 파리7대학의 한국어과 학생이 예요.

혜리 : 아, 잘됐네요. 길을 잃었어요.

🔵 단어와 숙어

perdu(e) a. 길을 잃은
뻬흐뒤

parler v. 말하다.
빠흘레

anglais(e) a. 영국(사람)의, 영어의
엉글레(즈)

ne... pas …가 아니다.
느　　빠

chinois(e) a. 중국(사람)의
쉬누와(즈)

coréen(ne) a. 한국(사람)의
꼬헤엥(엔느)

étudiant(e) n. 학생
에뛰디엉(뜨)

tant mieux 잘 됐네요.
떵　　미예

Excusez-moi. 죄송합니다.
엑스뀌제 무와

langue n.f. 언어
렁그

université n.f. 대학
위니베흐씨떼

Ah bon! 아, 그래요!
아　　봉

파리 대학

파리에는 파리 I부터 파리 XIII까지 13개의 대학이 있다. 파리 un, deux, trois처럼 숫자로 불리기도 하지만 각 대학마다 고유의 이름이 있다. 이중 8개 대학은 파리 시내에 있고 나머지 5개 대학은 파리 외곽지역에 자리잡고 있다.

시내에 있는 대학들 중 6개 대학이 파리 5구와 6구에 집중되어있는데, 이 지역을 Le Quartier Latin(꺄흐띠에 라땡), 즉 라틴가라고 한다.

이는 대학 설립초기에 라틴어로 강의가 이루어지면서 붙여진 이름이다.

　파리1대학 (université Panthéon-Sorbonne) http://www.univ-paris1.fr

　파리2대학 (université Panthéoh-Assas) http://www.v-paris2.fr

　파리3대학 (université Sorbonne Nouvelle) http://www.univ-paris3.fr

　파리4대학 (université Paris Sorbonne) http://www.paris4.sorbonne.fr

　파리5대학 (université Paris Descartes) http://www.univ-paris5.fr

　파리6대학 (université Pierre & Marie Curie) http://www.upmc.fr

　파리7대학 (université Paris Diderot) http://www.univ-paris-diderot.fr

　파리8대학 (université de Vincennes) http://www.fp.univ-paris8.fr

　파리9대학 (université Paris Dauphine) http://www.dauphine.fr

　파리10대학 (université de Nanterre) http://www.v-paris10.fr

파리11대학 (université Paris-sud) http://www.v-paud.fr

파리12대학 (université Val de Marne) http://www.univ-paris12.fr

파리13대학 (université Paris Nord) http://www.univ-paris13.fr

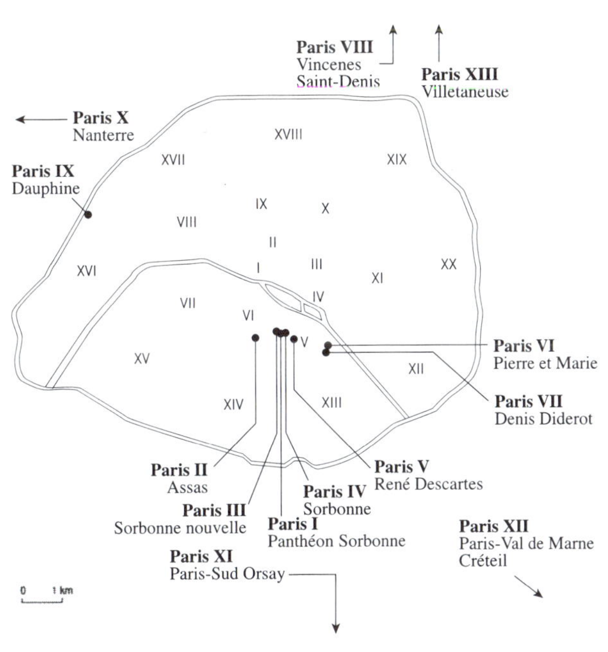

 문법 따라잡기 

1. 1군동사

프랑스어 동사는 어미에 따라 1군, 2군, 3군 동사로 구분할 수 있다.

1군동사는 어미가 −er로 끝나는 동사로서 인칭에 따라 규칙적으로 동사변화된다. 동사원형의 −er 대신 인칭별로 −e, −es, −e, −ons, −ez, −ent를 붙이면 된다.

parler 말하다		regarder 보다		aimer 좋아하다	
je 쥬	parle 빠흘르	je 쥬	regarde 흐갸흐드	J'aime 쥅	
tu 뛰	parles 빠흘르	tu 뛰	regardes 흐갸흐드	tu 뛰	aimes 엠
il / elle 일/ 엘	parle 빠흘르	il / elle 일/ 엘	regarde 흐갸흐드	il / elle 일 엘	aime 렘
nous 누	parlons 빠흘롱	nous 누	regardons 흐갸흐동	nous 누	aimons 제몽
vous 부	parlez 빠흘레	vous 부	regardez 흐갸흐데	vous 부	aimez 제메
ils / elles 일 / 엘	parlent 빠흘르	ils / elles 일/ 엘	regardent 흐갸흐드	ils / elles 일 젬므 / 엘 젬므	aiment

- Je joue du violon. 나는 바이올린을 연주합니다.
  쥬 주 뒤 비올롱

- Tu arrives à la gare à quelle heure ? 역에 몇시에 도착하세요?
  뛰 아히브 알라갸흐 아 껠 뤠흐

- Elle danse bien la salsa. 그녀는 살사춤을 잘 춥니다.
  엘 덩쓰 비엥 라 살사

- Nous cherchons une clé. 우리는 열쇠를 찾고 있어요.
  누 셰흐숑 윈 끌레

- Vous parlez trois langues. 당신은 3개 국어를 하시는군요.
  부 빠흘레 트후와 렁그

- Ils étudient à la bibliothèque. 그들은 도서관에서 공부하고 있어요.
  일 제뛰디 알라 비블리오떼끄

＊모음이나 무음 h(h muet)로 시작되는 동사의 경우, 1인칭 단수에서 모음이 축약된다.

  J'aime / J'adore / J'écoute / J'étudie / J'habite

2. Qu'est-ce que + **주어** + **타동사**

'주어가 무엇을 (동사)합니까?' 의 의미로 동사의 목적어에 해당하는 내용을 알고자 할 때
사용하는 표현이다.

- Qu'est-ce que vous écoutez ? 당신은 무엇을 듣고 계세요?
  께 스 끄 부 제꿋떼

  – J'écoute de la musique classique. 클래식 음악을 듣고 있습니다.
  제꿋뜨 들 라 뮈지끄 끌라씨끄

- Qu'est-ce que vous étudicz ? 무엇을 공부하시나요?
  께 스 끄 부 제뛰디예

  – J'étudie le français. 프랑스어를 공부합니다.
  제뛰디 르 프헝쎄

3. 특수한 1군동사 (1)

1군동사중에는 어간이 특수하게 동사변화하는 동사들이 있다.

(1) e+자음+er 유형 : 1, 2, 3인칭 단수와 3인칭 복수에서 [ˋ]을 첨가 🎧

acheter ～을 사다		lever ～을 들어올리다	
j'ach**è**te	nous achetons	je l**è**ve	nous levons
tu ach**è**tes	vous achetez	tu l**è**ves	vous levez
il / elle ach**è**te	ils / elles ach**è**tent	il / elle l**è**ves	ils / elles l**è**vent

(2) e+자음+er유형 : 1, 2, 3인칭 단수와 3인칭 복수에서 [자음]을 겹침 🎧

appeler …를 부르다		jeter 던지다	
j'appe**ll**e	nous appelons	je je**tt**e	nous jetons
tu appe**ll**es	vous appelez	tu je**tt**es	vous jetez
il / elle appe**ll**e	ils / elles appe**ll**ent	il / elle je**tt**e	ils / elles je**tt**ent

■ 국가 / 국가 형용사 / 언어 (Pays / Nationalité / Langue)

✽ 국가형용사 남성형과 그 나라 언어는 같은 형태이다. 즉 각 나라의 언어는 항상 남성형 명사이다.　*Je suis coréen.*　*Je parle coréen.*
쥬　쒸　꼬헤엥　　　쥬 빠흘르 꼬헤엥

✽ 국가명사는 대문자로 쓰고 국가형용사와 해당언어는 소문자로 표기한다.

✽ 국가 명사앞에는 정관사를 붙이지만 도시 명사앞에는 관사가 없다.

J'aime la Corée.　*J'aime Séoul.*
쥄므　라 꼬헤　쥄므　쎄울

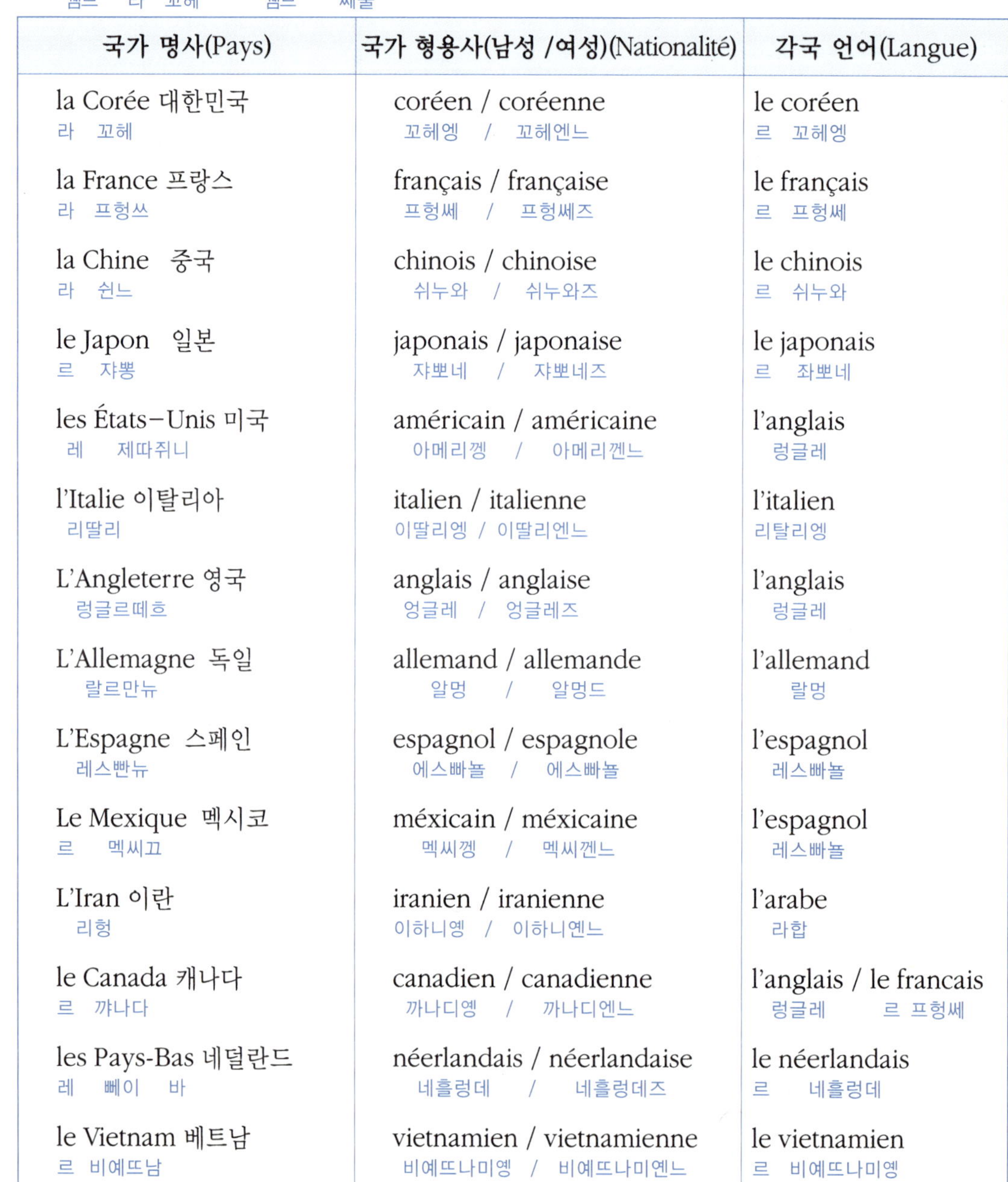

국가 명사(Pays)	국가 형용사(남성 /여성)(Nationalité)	각국 언어(Langue)
la Corée 대한민국 라　꼬헤	coréen / coréenne 꼬헤엥 / 꼬헤엔느	le coréen 르　꼬헤엥
la France 프랑스 라 프헝쓰	français / française 프헝쎄 / 프헝쎄즈	le français 르　프헝쎄
la Chine　중국 라 쉰느	chinois / chinoise 쉬누와 / 쉬누와즈	le chinois 르　쉬누와
le Japon　일본 르　쟈뽕	japonais / japonaise 쟈뽀네 / 쟈뽀네즈	le japonais 르　좌뽀네
les États–Unis 미국 레　제따쥐니	américain / américaine 아메리껭 / 아메리껜느	l'anglais 렁글레
l'Italie 이탈리아 리딸리	italien / italienne 이딸리엥 / 이딸리엔느	l'italien 리탈리엥
L'Angleterre 영국 렁글르떼흐	anglais / anglaise 엉글레 / 엉글레즈	l'anglais 렁글레
L'Allemagne 독일 랄르만뉴	allemand / allemande 알멍 / 알멍드	l'allemand 랄멍
L'Espagne 스페인 레스빠뉴	espagnol / espagnole 에스빠뇰 / 에스빠뇰	l'espagnol 레스빠뇰
Le Mexique 멕시코 르　멕씨끄	méxicain / méxicaine 멕씨껭 / 멕씨껜느	l'espagnol 레스빠뇰
L'Iran 이란 리헝	iranien / iranienne 이하니엥 / 이하니엔느	l'arabe 라합
le Canada 캐나다 르　꺄나다	canadien / canadienne 꺄나디엥 / 꺄나디엔느	l'anglais / le francais 렁글레　르 프헝쎄
les Pays-Bas 네덜란드 레　뻬이 바	néerlandais / néerlandaise 네흘렁데 / 네흘렁데즈	le néerlandais 르　네흘렁데
le Vietnam 베트남 르 비예뜨남	vietnamien / vietnamienne 비예뜨나미엥 / 비예뜨나미엔느	le vietnamien 르　비예뜨나미엥

I. 다음 동사 변화를 완성시켜 보세요.

(1) Tu racont _______ une histoire et j'écout _______ (raconter / écouter)

(2) Il aim _______ le français mais moi je détest _______ (aimer / détester)

(3) Elle accept _______ ou elle refus _______ ? (accepter / refuser)

(4) Je coup ___ et tu coll _______ (couper / coller)

(5) Le soir, mon mari regard _________ la télé et mes enfants jou ___________
(regarder / jouer)

II. 양쪽을 연결시켜 보세요. (여러가지 답이 가능합니다)

(1) J'   (a) téléphone à Julie.

(2) Il   (b) arrive à la gare.

(3) Elles   (c) jouent aux échecs.

(4) On   (d) regarde la télé.

(5) Paul   (e) invite des amis.

III. 다음 문장을 들어보고 _______을 채워보세요. 🎧

(1) Tu ___________ quel livre ?

(2) Tu ___________ quelle chanson.

(3) ___________ tu aimes ?

(4) Je ___________ du chocolat.

(5) Vous ___________ un taxi ?

(6) Je m' ___________ Enzo.

IV. 다음 대화를 완성해 보세요. 🎧

(1) Qu'est-ce que tu ___________ ?   (2) – Je ___________ du pain.

(3) ___________ il aime ?   (4) – ___________ la lecture.

(5) Je _______ deux langues, français et coréen. Et vous ? vous _______ coréen ?

(6) Moi, je _______ _______ _______ coréen. Mais je parle chinois.

garçon : Bonsoir, madame! Une baguette, s'il vous plaît !
봉쑤와흐 　마담　 원　 바게뜨　 씰 부 쁠레

boulangère : La voilà.
라 부알라

garçon : Et… trois croissants, deux pains au chocolat et du fromage.
에… 트후아　크후아썽　되　뺑　오　쇼꼴라　에 뒤 프호마쥬

boulangère : Ce sera tout ?
쓰 쓰하 뚜

garçon : Oui, ça coûte combien ?
위　싸　꾸뜨　껑비엥

---

6. 바게뜨 하나 주세요!

소년 : 안녕하세요, 아줌마, 바게뜨 하나 주세요!

빵집 아주머니 : 여기 있단다.

소년 : 그리고 크루아쌍 3개와 초콜릿 빵 두 개 그리고 치즈 좀 주세요.

빵집 아주머니 : 이게 다니?

소년 : 네, 모두 얼마예요?

Bonsoir n.m. 저녁 인사
봉쑤와흐

madame n.f. 부인, 아줌마
마담

baguette n.f. 바게트, 막대기
바게뜨

voilà 저기 …가 있다'의 의미이나
부알라 구어에서는 보통 '여기 …가 있다'의
의미로 사용

trois n.m. 3
트후아

croissant n.m. 크루아쌍 빵, 초승달
크후아썽

deux n.m. 2
되

pain n.m. 빵
뺑

au à+le
오

chocolat n.m. 초콜릿
쇼꼴라

du de+le
뒤

fromage n.m. 치즈
프호마쥬

Ce 그것, 이것
쓰

sera être (…이다)의 3인칭 단수
쓰하   미래 형태

tout 모두
뚜

Ça cela(그것은)의 구어적 표현
싸

coûte v. coûter(값이 얼마이다)의
꾸뜨   3인칭 단수형태

combien 얼마나, 어떻게
껑비엥

  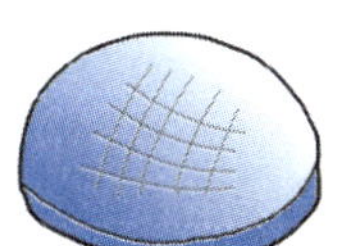

프랑스 빵

croissant (크루아쌍)   baguette (바게트 빵)   galette (갈레트)

pain au raisin   pain au chocolat   sandwich
(건포도 빵)   (초콜릿 빵)   (샌드위치)

● 문법 따라잡기

1. 부정관사(L'article indéfini)

단 수		복 수
남성	여성	des
un	une	

- **특정하지 않은 명사 앞에 쓰이는 관사로 하나 혹은 여럿을 의미한다.**
  - Voilà une fille. 저기에 어떤 여자아이가 있다.
    부알라 윈느 휘으
  - Il y a des enfants dans le jardin. 정원에 몇 명의 아이들이 있다.
    일리아 데 정펑 덩 르 쟈흐뎅

- **종류를 총칭한다.**
  - Un chien est fidèle à son maître. 개는 주인에게 충실하다.
    엉 쉬엥 에 휘델 아 송 메트흐
  - Un homme ne pleure pas. 남자는 울지 않는 법이다.
    에 넘므 느 쁠뤠흐 빠

- **부정관사 + 고유명사 : …라는 사람, …와 같은 사람, …의 작품**
  - Un M. Dupont 뒤퐁이라는 사람 / Un Don Juan 돈주앙 같은 사람
    엉 뭇씨유 뒤퐁　　　　　　　엉 동 쥐엉

    Un Maupassant 모파상의 작품
    엉　　모빠썽

2. 정관사(L'article défini)

단 수		복 수
남성	여성	les
le, l'	la, l'	

- **앞에 나온 명사를 다시 받거나 명사 앞에서 그 명사를 한정한다.**
  - le livre de Paul 폴의 책 / la ville de Paris 파리 시
    르 리브흐 드 뽈　　　　　라 빌 드 빠히

■ 총칭적인 대상을 가리킨다.

- L'homme est mortel. 인간은 죽게 마련이다.
  롬므   에 모흐뗄

- J'aime le café. 나는 커피를 좋아한다.
  젬므 르 까페

■ 유일한 것을 나타낸다.

- le soleil 태양 / la lune 달 / le ciel 하늘 / la terre 지구
  르 솔레이   라 뤼느   르 씨엘   라 떼흐

■ 국가명, 바다, 산 이름 앞에 정관사가 사용된다.

- La Corée 한국 / La France 프랑스 / Le Japon 일본
  라   꼬헤   라 프헝쓰   르   쟈뽕

  Les États-Unis 미국 / L'italie 이탈리아 / la Seine 세느강
  레   제따쥐니   리딸리   라 쎈느

■ 단위 (…마다)

- le kilo 킬로 당 = par / le mardi 화요일 마다 = tous les mardis
  르 낄로   빠흐 르 마흐디   뚜 레 마흐디

■ les + 성 : … 가족

- les Vincent 벵쌍 가족 = la famille de Vincent
  레   벵썽   라 화미으 드   벵썽

■ 정관사를 반드시 사용해야 되는 경우

- 날짜 앞 ; le 3 octobre 10월 3일
           르 트후아 옥또브흐

- 신체명사 앞 ; J'ai mal à la tête. 나는 머리가 아프다.
               줴 말 알 라 떼뜨

             ; Elle a les cheveux blonds. 그녀는 금발머리를 가졌다.
               엘 라 레   슈뵈   블롱

- 기호동사(aimer, préférer, adorer, détester)

  ; J'aime le cinéma. 나는 영화를 좋아한다.
    젬 르 씨네마

  ; Elle adore la cuisine chinoise. 그녀는 중국요리를 아주 좋아한다.
    엘 아도흐 라 뀌진느   쉬누아즈

3. 부분관사(L'article partitif)

남 성	여 성
du (de l')	de la (de l')

- 셀 수 없는 명사 앞에 사용되는 관사로 일부, 약간의 의미를 가진다,
  - du lait 우유 / de l'eau 물 / du vin 포도주 / du fromage 치즈
    뒤 레　　　 들 로　　　 뒤 뱅　　　　 뒤 프호마쥬

- 추상명사 앞에 사용된다.
  - de la patience 인내 / du courage 용기 / de la honte 수치심
    들 라 빠씨엉스　　　 뒤 꾸하쥬　　　 들 라 옹뜨
- faire + 운동이나 학문분야
  - faire du ski 스키 타다 / faire de la natation 수영하다
    페흐 뒤 스끼　　　 페흐 들 라 나따씨옹
  - faire de la musique 음악 공부하다 / faire de la politique 정치에 관여하다
    페흐 들 라 뮈지끄　　　 페흐 들 라 뽈리띠끄

◎ 관사는 항상 같은 명사 앞에서 고정적으로 사용되는 것이 아니라 상황에 따라 사용되는 것에 유의하자.

- Un café, s.v.p! 커피 한 잔 주세요! – 부정관사
  엥 까페 씰부쁠레

- Vous voulez du café? 커피 좀 드시겠어요? – 부분관사
  부 불레 뒤 까페

- J'aime le café. 나는 커피를 좋아합니다. – 정관사
  젬므 르 까페

I. 다음의 문장을 완성하시오.

- Vous voulez __________ vin ou __________ bière ?
- Oh non, je voudrais __________ café et __________ eau. Et toi ?
- Moi, je veux __________ vin blanc avec __________ fromage.

II. 알맞은 관사로 다음 문장을 완성하시오.

1. M. Legrand a __________ femme et deux enfants.
2. J'ai vu __________ tour Eiffel.
3. Dans la chambre, il y a __________ table. C'est __________ table de Sylvie.
4. Il visite __________ tour de Pise en Italie et __________ statue de la liberté aux États-unis.
5. Je voudrais __________ camenbert et __________ chèvre.
6. Ce musée est fermé __________ mardi.
7. Il fait __________ aérobic et __________ piano.
8. Elle a acheté une douzaine __________ oeufs.
9. C'est __________ 14 juillet.
10. Philippe adore __________ cuisine japonaise et __________ opéra italien.

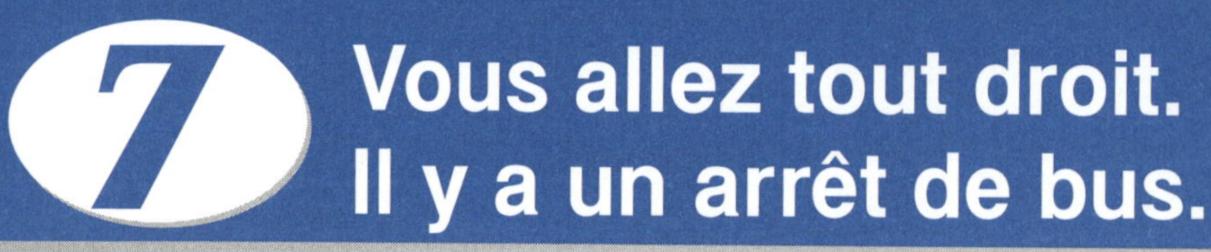

7 Vous allez tout droit. Il y a un arrêt de bus.

Sophie : Pardon, monsieur. Où est le musée du Louvre, s.v.p.?
빠흐동 무씨유 우 에 르 뮈제 뒤 루브흐 씰부쁠레

Passager : Le Louvre? Oh là là, vous êtes perdue. C'est loin d'ici.
르 루브흐 올랄라 부 젯뜨 뻬흐뒤 쎄 루엥 디씨

Sophie : Ah ! Comment faire?
아 꺼멍 페흐

Passager : Hum… Vous allez tout droit. Il y a un arrêt de bus. Prenez le
음. 부 잘레 뚜 드후와 일리야 에나헤 드 뷔스 프흐네 르

bus, numéro 42.
뷔스 뉘메호 꺄헝뜨되

Sophie : Merci, monsieur.
메흐씨 무씨유

Passager : Je vous en prie.
쥬 부 정 프히

---

7. 똑바로 가시면 버스 정거장이 있어요.

소피 : 죄송합니다. 루브르박물관이 어디있죠?

행인 : 루브르요? 이런, 길을 잃으셨네요. 여기서 먼데요.

소피 : 아, 어떻하지요?

행인 : 음, 똑바로 가보세요. 그러면 버스 정거장이 있어요. 42번 버스를 타세요.

소피 : 감사합니다.

행인 : 천만에요.

단어와 숙어

pardon 죄송합니다.
빠흐동

bus n.m. 버스
뷔스

où 어디
우

musée n.m. 박물관
뮈제

arrêt de bus n.m. 버스정류장
아헤 드 뷔스

passager(ère) 행인
빠싸줴(줴흐)

s.v.p.(=s' il vous plaît) 부탁합니다.
씰부쁠레

loin 먼
루엥

ici 여기
이씨

prenez v. prendre(잡다, 타다.) 동사의
프흐네　　　　　　2인칭 복수형태

42 quarante-deux
까헝뜨　　　되

Je vous en prie 천만에요.
쥬 부 정 프히

il y a …이 있다.
일리야

allez v. aller(가다)동사의 2인칭 복수형태
알레

numéro n.m. 번호
뉘메호

perdu(e) a. 길을 잃은
뻬흐뒤

comment 어떻게
꺼멍

tout droit 똑바로
뚜 드후와

oh là là 저런, 어머나
올 라 라

루브르 박물관

14세기 샤를 5세때부터 루이 16세때까지는 왕궁으로 사용되었던 루브르 궁(Le palais du Louvre)은 대혁명 시기인 1793년부터 박물관으로 이용되기 시작하였다.

1983년 미테랑 대통령의 루브르 박물관 개조 계획에 따라 루브르 박물관은 새롭게 단장하게 된다. 오늘날 루브르 박물관의 상징물인 유리 피라미드는 중국계 건축가인, 이오밍 페이에 의해 프랑스혁명

200주년을 기념해 건축되었다. 이 피라미드에는 20mm두께의 마름모꼴 유리 603개와 60개의 세모꼴 유리가 맞대고 있으며 루브르 박물관의 출입구 역할을 하고 있다. 이 유리 피라미드를 청소하기 위해서는 등반 자격증이 있는 사람(Alpiniste des carreaux)을 고용한다고 한다.

문법 따라잡기

1. Il y a + 단수 명사 / 복수 명사 : ~ 이 있다.

- Il y a des étudiants dans la classe ? 교실에 학생들이 있나요?
  일리야 데 제뛰디엉 덩 라 끌라쓰

  - Oui. Il y a un étudiant et une étudiante. 네. 남학생 한명과 여학생 한명이 있네요.
    위 일리야 에 네뛰엉 에 위 네뛰엉뜨

2. Qu'est – ce qu'il y a + 장소 : ~에 무엇이 있습니까?

- Qu'est-ce qu'il y a dans votre sac ? 당신 가방 속에 뭐가 들었나요?
  께 스 낄 리 야 덩 보트흐 싹

  - Dans mon sac, il y a un portefeuille, des cigarettes, une trousse etc.
    덩 몽 싹 일리야 엥 뽀흐뜨풰이 데 씨갸헷 윈 트후쓰 엑쎄떼하

  (내 가방에는, 지갑, 담배, 화장품케이스 등이 있어요.)

* Qu'est-ce qu'il y a?는 회화체에서 "무슨 일이예요"?의 뜻으로 사용됨.

- Qu'est-ce qu'il y a? Pourquoi tu pleures ? 무슨 일이니? 왜 울어?
  께 스 낄 리 야 뿌흐꾸와 뛰 쁠뤠흐

3. 동사 Prendre (교통수단)~을 타다. / 동사 aller ~에 가다

- Je prends le bus pour rentrer chez moi. 집으로 돌아가기 위해 나는 버스를 탄다.
  쥬 프헝 르 뷔스 뿌흐 헝트헤 세 무와

- Vous prenez le métro quand vous allez au bureau ? 사무실에 가실 때 전철타세요?
  부 프흐네 르 메트호 껑 부 잘레 오 뷔호

- Où allez – vous ? 어디 가세요?
  우 알레 부

  - Je vais au supermarché. 슈퍼에 가요.
    쥬 베 오 쒸뻬흐마흐셰

prendre		aller	
je	prends	je	vais
vous	prenez	vous	allez

Pardon

- 모르는 사람에게 말을 거는 경우 사용한다. Excusez-moi, Sil vous plaît로 대체할 수 있다.
  : Pardon, madame ! 실례합니다. 부인!
    빠흐동   마담

- 상대방의 말을 잘 못 알아들은 경우, 반복을 요구하는 의미로 사용되기도 한다. 이 경우에
  는 억양을 올린다 : Pardon ? 뭐라구요 ?
    빠흐동

4. 특수한 1군동사 (2)

🎧 (1) −ger (* nous인칭에서 −eons)

voyager 여행하다 부와이야줴		manger 먹다 멍줴	
je voyage 쥬 부와이야쥬	nous voyageons 누 부와이야죵	je mange 쥬 멍쥬	nous mangeons 누 멍죵
tu voyages 뛰 부와이야쥬	vous voyagez 부 부와이야줴	tu manges 뛰 멍쥬	vous mangez 부 멍줴
il/elle voyage 일 / 엘 부와이야쥬	ils/elles voyagent 일 / 엘 부와이야쥬	il/elle mange 일 / 엘 멍쥬	ils/elles mangent 일 / 엘 멍쥬

• Nous voyageons en France pour les vacances. 우리는 휴가에 프랑스를 여행합니다.
　누　부와이죵　엉 프헝쓰 뿌흐 레　바껑쓰

• Qu'est−ce qu'on mange ce soir ? 오늘 저녁에 뭐 먹을까?
　께　스 꽁　멍쥬 쓰 쑤와흐

🎧 (2) −cer (* nous인칭에서 −çons)

commencer 시작하다 꺼멍쎄		placer 놓다 플라쎄	
je commence 쥬 꺼멍쓰	nous commençons 누 꺼멍쏭	je place 쥬 쁠라쓰	nous plaçons 누 쁠라쏭
tu commences 뛰 꺼멍쓰	vous commencez 부 꺼멍쎄	tu places 뛰 쁠라쓰	vous placez 부 쁠라쎄
il/elle commence 일 / 엘 꺼멍쓰	il/elles commencent 일 / 엘 꺼멍쓰	il/elle place 일 / 엘 쁠라쓰	ils/elles placent 일 / 엘 쁠라쓰

• Nous commençons la visite à quelle heure ? 우리는 몇 시에 방문을 시작합니까?
　누　꺼몽쏭　라 비짓뜨 아　껠　뢰흐

• Vous placez des livres sur la table. 테이블 위에 책을 놓으세요.
　부　쁠라쎄 데 리브흐 쒸흐 라 따블르

🎧 (3) −yer (* 1, 2, 3인칭 단수와 3인칭 복수에서 y가 i로 바뀜)

envoyer 보내다 엉부와이예		payer 돈을 지불하다 뻬이예	
j'envoie 정부와	nous envoyons 누 정부와이용	je paie 쥬 뻬	nous payons 누 뻬이용
tu envoies 뛰 엉부와	vous envoyez 부 정부와이예	tu paies 뛰 뻬	vous payez 부 뻬이예
il/elle envoie 일 / 엘 렁부와	ils/elles envoient 일 / 엘 정부와	il/elle paie 일 / 엘 뻬	ils/elles paient 일 / 엘 뻬

• Tu m'envoies un mél dès que tu arrives. 도착하자마자 내게 메일보내요.
　뛰　멍부와　엉 멜 데 끄 뛰 아히브

장소 / 길 묻기(Direction) 🎧

장소를 물을 때에는 접속사 《Où + 동사 + 주어?》이고 《주어 + 동사 + où?》로 표현할 수도 있다.

- Où est Paul ? (=Paul est où?) 뽈은 어디있나요?
  우 에 뽈

  – Il est dans sa chambre. 그는 자기 방에 있어요.
  일 레 덩 싸 셩브흐

- Où es – tu ? (=Tu es où?) 너 어디에 있니?
  우 에 뛰

  – Je suis à Paris. 저 빠리에 있어요.
  쥬 쒸 자 빠히

- Où est ma clé ? 내 열쇠가 어디있지?
  우 에 마 끌레

  – Elle est sur la table. 책상 위에 있어요.
  엘 레 쒸흐 라 따블르

- Où est la tour Eiffel ? 에펠탑이 어디 있나요?
  우 에 라 뚜흐 에펠

  – Elle est dans le 7e arrondissement. 제7구에 있어요.
  엘 레 덩 르 쎗띠엠므 아홍디쓰멍

■ 의문사 + 동사원형

의문사에 동사원형을 붙여서 하나의 표현처럼 사용할 수 있다.

- Comment faire ? 어떻게 하지?
- Que faire ? 뭘 하지?
- Quoi manger ? 뭘 먹지?

연 습 해 보 기

I. 다음 상황에 맞는 대화를 완성해 보세요.

(1) 세관원(douanier) : __________________________ dans votre valise ?

(2) 여행자 (voyageur) : ______________ des livres, des vêtements, un caméra …

II. 보기의 어휘를 넣어 다음 그림을 묘사해 보세요.

> **보 기**
>
> une table, des chaises, un cahier, un livre, un crayon,
>
> un sac, un tableau, un portemanteau, un ordinateur, sous, sur, à côté de, devant

(1) Dans la classe, il y a

des tables, __________________________________

____

(2) L'ordinateur est ______________ la table.

Le crayon est ______________ la table.

______________ la table, il y a un tableau. Le sac est ______________ de la chaise.

III. 문장을 듣고 동사를 알맞게 넣어보세요.

(1) Vous vo ____________ seule ?　(2) On com ____________ à quelle heure ?

(3) Je p ____________ combien ?　(4) Qu'est-ce que vous ac ____________ pour Noël ?

(5) Nous a ____________　(6) On co ____________ des copies.

Nous avons huit enfants.

Journaliste : Bonjour, madame ! Vous avez beaucoup d'enfants !
봉쥬흐 마담 부 자베 보꾸 덩펑

Anne & Paul : Ah, oui, nous avons 8 enfants. Nous sommes très contents.
아 위 누 자봉 윗 떵펑 누 썸므 트헤 꽁떵

Journaliste : Quoi ! 8 enfants !
꾸아 윗 떵펑

Anne & Paul : Oui, 8. Nous avons 3 garçons et 5 filles.
위 윗뜨 누 자봉 트후아 가흐쏭 에 쌩 휘이으

Journaliste : Oh là là. Quel âge ont-ils ?
올 랄라 껠 라쥬 종 띨

Anne & Paul : 17 ans, 15 ans, 12 ans, 9 ans, 8 ans, 6 ans, 5 ans, 3 ans.
디 쎗떵 깽 정 두 정 뇌 벙 윗 떵 씨 정 쌩 껑 트후아 정

8. 우리는 여덟 아이가 있습니다.

기자 : 안녕하세요, 부인! 아이가 많으시네요?

안느와 뽈 : 아, 예, 우리는 여덟 아이가 있습니다. 우리는 아주 만족하답니다.

기자 : 뭐라구요? 아이가 여덟이라구요?

안느와 뽈 : 네, 여덟 아이요. 남자아이가 셋이고 여자아이가 다섯입니다.

기자 : 우와! 아이들의 나이는 어떻게 됩니까?

안느와 뽈 : 17 살, 15 살, 12 살, 9 살, 8 살, 6 살, 5 살, 3 살입니다.

journaliste n. 기자 쥬흐날리스뜨	**garçon** n.m. 소년, 아들 갸흐쏭
avez / avons v. avoir(가지다)의 2인칭 아베 　아봉　 복수 / 1인칭 복수	**fille** n.f. 소녀, 딸 피이으
beaucoup ad. 매우, 많이 보꾸	**Oh là là** (놀라움) 아야, 저런 올 라 라
enfant n. 아이 엉펑	**quel / quelle** (의문형용사), 어떤, 무엇 껠　 껠
sommes v. être(이다)의 1인칭 복수형태 썸므	**âge** n.m. 나이 아쥬
très ad. 아주 트헤	**ont** v. avoir(가지다) 3인칭 복수형태 옹
content(e) a. 만족한 꽁떵	**an** n.m. 연, 해, 1년 엉
Quoi! 뭐라고! 꾸아	**dix-sept** n.m. 17 디 쎗뜨
huit / cinq n.m. 8 / 5 윗뜨　 쌩끄	**quinze** n.m. 15 깽즈
	douze n.m. 12 두즈

프랑스 학교

프랑스 학교(L'école en France)는 종교와 무관한 무상, 의무(laïque / gratuite / obligatoire) 교육을 실시하고 있다.

; 탁아소 (crèche) – 3개월 ~ 3살

; 유치원 (école maternelle)

; 초등학교 (école primaire) – 5년(CP / CE1 / CE2 / CM1 / CM2)

; 중학교 (collège) – 4년(sixième / cinquième / quatrième / troisième)

; 고등학교 (lycée) – 3년 (seconde / première / terminale)

; 대학교 (université) – 학위과정 (– Deug 2
　　　　　　　　　　　　　　　 – Licence 1

　　　　　　　　　　– 석사과정, 박사 준비과정 (Master 1, 2)

　　　　　　　　　　– 박사과정(Doctorat)

; 그랑제꼴(Grandes Écoles) – 엘리트 양성 기관(ENS, ENA…)

> maîtrise(석사과정)과 박사준비과정인 DEA/DESS가 Master 1, 2 과정으로 바뀌었음.

문법 따라잡기  

1. avoir 동사

avoir (가지다)

j'ai		nous	avons
tu	as	vous	avez
il / elle	a	ils / elles	ont

– j'ai trois pommes. 나는 세 개의 사과를 가지고 있다.
  쥬 트후아 뽐므

– Elle a une voiture. 그녀는 자동차 한 대를 가지고 있다.
  엘 아 윈느 부아뛰흐

■ avoir 를 이용한 표현들

– Elle a 20 ans. (그녀는 스무 살이다.)
  엘 라 벵 떵

– Nous avons faim / soif. (우리는 배고프다. / 목마르다.)
  누 자봉 펭 쑤와프

– Vous avez raison / tort (당신이 옳습니다. / 틀립니다.)
  부 자베 헤종 또흐

– J'ai chaud / froid (난 덥다. / 춥다.)
  쥬 쇼 프후와

2. beaucoup + 무관사 명사

  ; 많은, 다수의

- Il y a beaucoup de monde. 사람이 많다.
  일 리 야   보꾸   드 몽드

- Il a beaucoup d'argent / d'amis. 그는 돈이/ 친구가 많다

> ◎ **plusieurs de** 다음에는 **복수 명사**가 사용되는 것에 유의하자.
>
> ; Plusieurs des élèves sont malades à cause de l'intoxication. 식중독으로 여러 학생들
>   뿔뤼지에흐 데 젤레브   쏭 말라드 이 아프다.

  일라   보꾸   다흐정   다미

3. 의문 형용사 (L'adjectif interrogatif)

우리말의 '어떤' 정도에 해당하는 말로 수식하는 명사의 성과 수에 일치해야 한다.

	남 성	여 성
단 수	quel	quelle
복 수	quels	quelles

- Quel âge avez-vous ? 당신은 몇 살이세요 ?
  껠   아쥬 아베   부

- Quelle heure est-il ? 몇 시입니까 ?
    껠   뤠흐 에 띨

- Quel temps fait-il ? 날씨가 어떤가요 ?
    껠   떵   풰 띨

- Quel jour ? Avec quels professeurs ? 어느 요일이죠? 어떤 선생님들과요?
    껠   쥬흐 아벡 껠   프호페쒸흐

- Quel chanteur aimez-vous ? 어떤 가수를 좋아해요?
    껠   성뛰흐   에메   부

> ◎ **Quel(quelle)**이 감탄문에 사용되기도 한다.
>
> ; Quel beau temps ! 정말 좋은 날씨예요 ! / Quel dommage ! 정말 유감이군요 !
>   껠   보   떵   껠   도마쥬
>
> ; Quelles belles roses rouges ! 정말 예쁜 붉은 장미로군요 !
>   껠   벨르   호즈   후즈

Le nombre 3

11 onze 옹즈	40 quarante 꺄헝뜨	81 quatre-vingt-un 꺄트흐 뱅 엥
12 douze 두즈	41 quarante et un 꺄헝떼 엥	82 quatre-vingt-deux 꺄트흐 뱅 되
13 treize 트헤즈	42 quarante-deux 꺄헝트 되	83 quatre-vingt-trois 꺄트흐 뱅 트후아
14 quatorze 까또흐즈	43 quarante-trois 꺄헝뜨 트후아	90 quatre-vingt-dix 꺄트흐 뱅 디스
15 quinze 깽즈	50 cinquante 쌩껑뜨	91 quatre-vingt-onze 꺄트흐 뱅 옹즈
16 seize 쎄즈	51 cinquante et un 쌩껑 떼 엥	92 quatre-vingt-douze 꺄트르 뱅 두즈
17 dix-sept 디쎘뜨	52 cinquante-deux 쌩껑뜨 되	93 quatre-vingt-treize 깥흐 뱅 트헤즈
18 dix-huit 디쥣뜨	53 cinquante-trois 쌩껑뜨 트후아	100 cent 썽
19 dix-neuf 디즈뇌프	60 soixante 쑤아썽뜨	101 cent un 썽 엥
20 vingt 뱅	61 soixante et un 쑤아썽떼 엥	102 cent deux 썽 되
21 vingt et un 뱅 떼 엥	62 soixante-deux 쑤아썽뜨 되	200 deux cents 되 썽
22 vingt-deux 뱅뜨 되	63 soixante-trois 쑤아썽뜨 트후아	1000 mille 밀
23 vingt-trois 뱅뜨 트후아	70 soixante-dix 쑤아썽뜨 디스	10000 dix mille 디 밀
30 trente 트헝뜨	71 soixante et onze 쑤아썽떼 옹즈	100000 cent mille 썽 밀
31 trente et un 트헝 떼 엥	72 soixante-douze 쑤아썽뜨 두즈	1000000 un million 엥 밀리옹
32 trente-deux 트헝뜨 되	73 soixante-treize 쑤아썽뜨 트헤즈	10000000 dix millions 디 밀리옹
33 trente-trois 트헝뜨 트후아	80 quatre-vingts 꺄트흐 뱅	1000000000 un milliard 엥 밀리야흐

I. 다음 상황에 맞는 대화를 만들어 봅시다. 🎧

- Oh ! Je (　　　) très chaud! Ouvrez la porte !
- Ah, bon? Je n'ai pas chaud.
  Aujourd'hui, il(　　　) 20 degrés. Vous (　　　) soif ?
- Mais oui !

II. 다음의 전화번호를 읽어보시오.

1. 06 − 45 − 87 − 33 − 90
2. 01 − 43 − 02 − 19 − 93
3. 04 − 55 − 27 − 69 − 74

III. 다음 문장을 알맞은 의문 형용사로 완성하시오.

1. (　　　) est votre profession ?
2. (　　　) auteur préférez−vous ?
3. (　　　) est votre adresse ?
4. Ce musée ouvre à (　　　) heure ?
5. (　　　) livres achetez−vous ?

J'ai mal à la tête.

Cédric :　Maman. Je suis malade.
　　　　　마멍 쥬 쒸 말라드

Maman :　Où as-tu mal, mon chéri ?
　　　　　우 아 뛰 말 몽 셰히

Cédric :　J'ai mal à la tête. Et je tousse.
　　　　　줴 말 알라 뗏뜨 에 쥬 뚜스

Maman :　Mais dis-donc. Tu as de la fièvre. Tu as mal à la gorge aussi ?
　　　　　메 디 동 뛰 아 들 라 피에브흐 뛰 아 말 알 라 고흐쥬 오씨

Cédric :　Oui. Un peu.
　　　　　위 엥 쁴

Maman :　Allez. debout. Il faut aller chez le médecin.
　　　　　알레 드부 일 포 알레 셰 르 매드쌩

---

9. 머리가 아파요.

셰드릭 : 엄마, 나 아파요.

엄마 : 우리 애기. 어디가 아프니?

셰드릭 : 머리가 아파요. 기침도 하고요.

엄마 : 아니 이런 ! 너 열도 나는구나. 목도 아프니?

셰드릭 : 네, 조금요.

엄마 : 자, 일어나렴. 병원에 가야겠다.

malade a. 아픈 말라드	aller chez le médecin 병원에 가다. 알레 셸 르 매드쌩
maman n.f. 엄마 마멍	debout 서, 일어나 드부
tête n.f. 머리 뗏뜨	allez 자, 그럼 알레
chez ~집에 셰	mal n.m. 아픔 말
chéri(e) n. 사랑하는 사람 셰히	médecin n.m. 의사 매드쌩
tousser v. 기침하다. 뚜쎄	où 어디 우
gorge n.f. 목 고흐쥬	fièvre n.f. 열 피예브흐
un peu 약간 엉 쀠	falloir ~해야한다. (il faut) 팔루와흐 　　　　일포
aussi 또한 오씨	dis-donc 이런 디동

프랑스 병원

프랑스에는 공공병원(hôpital)과 개인병원(clinique)이 있고, 모든 병원이 24시간 응급 서비스 시설을 갖추고 있다. 개인이 부담하는 의료비는 각 병원이 사회보장제도와의 보험 협정을 맺고 있는지에 따라 10%에서 80%까지 환불이 가능하다. 따라서 사회보장제도가 지정한 진료비를 적용하는 의사를 선택하는 것이 환자로서는 의료비 부담이 적다.

2000년부터 사회보험에 가입한 모든 사람들에게는 무료로 전자의료보험카드(Carte Vitale)가 배포되고 있다. 이 카드를 소지하면 의사와 약사는 환자 방문시 전산상으로 환불을 신청할 수 있고 의료보험 청구용 진료기록표를 작성하지 않아도 되기 때문에 보다 신속하게 환불이 이루어진다.

응급실 및 야간 의료서비스 당직 의사 리스트는 약국이나 지역신문에서 확인할 수 있으며 왕진, 주말, 국경일에는 진료비에 할증 요금이 첨가된다.

문법 따라잡기 

1. 관사 축약

전치사 à 다음에 정관사가 오는 경우, 여성 단수 la를 제외하고 다음과 같이 축약된다.

à + 정관사
à + le → au
à + la → à la
à + les → aux
à + l' → à l'

- Je vais au (à+le) cinéma avec Michel.
  쥬 베 오   씨네마 아벡끄 미셸
  나는 미셸과 극장에 간다.
- Tu vas aux(à+les) États-Unis le mois prochain ?
  뛰 바 오   제따 쥐니 르 무와 프호셍
  다음 달에 미국가요?

- J'ai mal à la tête et au(à+le) dos. 나는 머리와 등이 아파요.
  쥬 말 알라 뗏뜨 에 오   도
- J'ai mal aux(à+le) pieds et au(à+le) cou. 나는 발과 목이 아파요.
  쥬 말 오   삐예 에 오   꾸

2. Chez

(1) Chez + 고유명사 : ~집에

- Où es-tu? – Je suis chez Paul. 너 어디있니? – 뽈 집에 있어요.
  우 에 뛰 쥬 쒸 셰 뽈
- Je vais chez Marie. 나는 마리네 집에 간다.
  쥬 베 셰 마히

(2) Chez + 보통명사 : ~집에

- Je reste chez des amis à Paris. 나는 파리에서 친구 집에 머뭅니다.
  쥬 헤스뜨 셰 데 자미 아 빠히
- Vous êtes chez vos cousins ? (당신은) 사촌 집에 계신가요?
  부 젯뜨 셰 보 꾸젱

(3) Chez + 직업명사 : 그 직업을 행하는 곳

- J'ai mal aux dents. Je vais chez le dentiste. 나는 이가 아파요. 치과에 갑니다.
  쥬 말 오 덩 쥬 베 셰 르 덩띠스뜨
- Pour acheter du pain, je vais chez le boulanger. 빵을 사러 빵집에 갑니다.
  뿌흐 아슛떼 뒤 뻥 쥬 베 셰 르 불렁쥬

3. ~가 아프다 : avoir mal à + 정관사 + 신체

- Qu'est-ce qu'il y a ? 무슨 일이시죠?
  께 스 낄리야

Où avez-vous mal? 어디가 아프세요?
우 아베 부 말

– J'ai mal ┬ à la main droite. 오른 손이 아파요.
�줴 말   알 라 멩 드후왓뜨

├ au ventre. 배가 아파요.   (au=à+le)
오 벙트흐

├ aux yeux. 눈이 아파요.   (aux=à+les)
오 쥐예

└ à l'oeil gauche. 왼쪽 눈이 아파요.
아 뤠이 고슈

4. Il faut + 동사 원형 : ～해야 한다

faut는 'falloir' 라는 비인칭동사의 3인칭 단수 동사변화이다.

• Il faut manger pour vivre. 살기 위해서는 먹어야 합니다.
일 포 멍줴 뿌흐 비브흐

• Pour bien parler français, il faut travailler beaucoup.
뿌흐 비엥 빠흘레 프헝쎄 일 포 트하바이예 복꾸

프랑스어를 잘하기 위해서는 공부를 많이 해야 합니다.

5. 형용사의 위치

– 일반적으로 형용사는 명사 뒤에 놓인다. 특히 국적, 색깔, 모양의 형용사, 그리고 음절이 긴
형용사는 명사 뒤에 놓인다.

Dans cet hôtel, il y a des chambre confortables. 이 호텔에는 안락한 방이 있어요.
덩 쎄 또뗄 일리야 데 셩브흐 꽁포흐따블르

J'ai un appartement moderne. 나는 현대적 아파트가 있습니다.
쥄 에 나빠흐뜨멍 모데흔느

Il aime la voiture anglaise. 그는 영국 자동차를 좋아해요.
일 엠므 라 부와뛰흐 엉글레즈

– 음절이 짧고 흔히 사용되는 형용사는 명사 앞에 놓인다.

; bon, beau, belle, grand, petit, gros, jeune vieux, joli, mauvais
봉 보 벨 그헝 쁘띠 그호 줸느 비예 졸리 모베

Sous le lit il y a un petit chat blanc. 침대 아래 하얀색의 작은 고양이가 있네요.
쑤 르 리 일리야 엥 쁘띠 샤 블렁

Je prépare mon projet avec un jeune étudiant espagnol.
쥬 프헤빠흐 몽 프호줴 아벡끄 껭 줴네뛰디엉 에스빠뇰
나는 젊은 스페인 학생과 나의 프로젝트를 준비한다.

Le corps(신체)

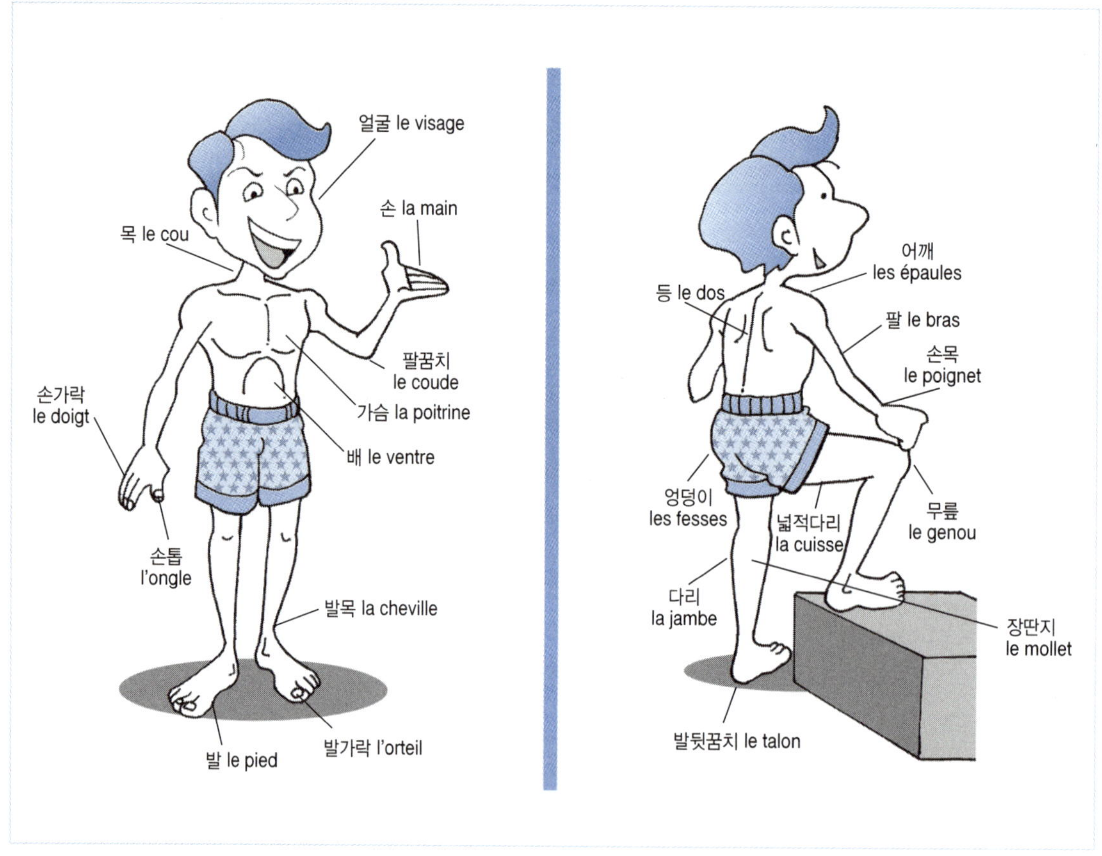

병원 예약하기(Rendez-vous chez le médecin)

• Je voudrais prendre un rendez–vous avec le docteur M.Durand pour demain.
주 부드헤　프헝드흐 엥　형데부　아벡끄 르 독뙈흐 무씨유 뒤헝　뿌흐　드멩

내일 뒤랑 의사선생님으로 예약을 하고 싶은데요.

– Oui. À quelle heure ? 예, 몇시로요 ?
위　아　껠　뤠흐

– Vers 15 heues, ça va ? 오후 3시경이요. 괜찮아요 ?
베흐 껭줴흐　　싸 바

– Hum… Non. Il a déjà rendez–vous. Mais vers 16 heures, ça ira.
음　농　일아 데좌　형데부　메 베흐 쎄 줴흐 싸 이하

음… 아니요. 그 시간엔 이미 예약이 되어있어요. 그러나 오후 4시경이면 괜찮아요.

– Bon. D'accord Alors demain, le 30 novembre à 16 heures.
봉　다꼬흐　알로흐　드멩　르 트헝뜨 노벙브흐 아 쎄줴흐

그래요. 좋아요, 그러면 내일, 11월 30일 오후 4시로 하지요.

연 습 해 보 기

I. 다음 보기에서 골라 적절한 전치사를 넣어보세요.

> ┤ 보 기 ├
> à la – au – à l' – aux

   (1) Je vais _____________ marché.

   (2) Vous allez _____________ opéra?

   (3) Ils habitent _____________ Japon.

   (4) J'ai mal _____________ yeux.

   (5) Il a mal _____________ main droite.

II. 다음 단어들을 순서대로 나열해 보세요.

   (1) belle – jaune – une – voiture – _____________________

   (2) gâteau – un – bon – français – _____________________

   (3) confortables – chaussures – des _____________________

   (4) feu – troisième – au – rouge – _____________________

III. 다음 대화를 들으면서 _________ 을 완성해 보세요. 🎧

   (1) Je dois aller chez le médicin. – _________ as– tu _____________ ?

   (2) J'ai faim. – Tu vas chez _____________ pour acheter du pain ?

   (3) Il est tard. Il _____________ partir.

   (4) Je _________ voir M. le directeur.

       – Il est _____________ . Il a mal au dos.

   (5) _____________________ ? – J'ai mal _________ pieds.

IV. 다음 그림을 보고 어디가 아픈지 말해보세요.

(1) Elle _________   (2) Elle _________   (3) Il _________   (4) Il _________

Luc :　Bonjour ! Vous êtes musicienne?
봉쥬흐　부　젯뜨　뮈지시엔느

Sylvie :　Oh non, mais j'aime la musique. Et vous, vous aimez le sport?
오　농　메　젬　라 뮈지끄　에 부　부　제메　르 스포흐

Luc :　Oui, j'adore le tennis et le foot.
위　쟈도흐　르 떼니쓰 에르 풋

Sylvie :　Moi, je n'aime pas le tennis, ni le foot.
무아 쥬　넴　빠르 떼니쓰　니르 풋

Luc :　Ah, vous détestez le sport?
아　부　데떼쓰떼 르 스포흐

Sylvie :　Non, j'aime la natation mais je préfère aller au théâtre.
농　젬　라 나따씨옹　메 쥬 프헤풰흐 알레 오 떼아트흐

10. 운동을 좋아하세요?

뤽 : 안녕하세요, 당신은 음악가인가요?

씰비 : 오, 아니에요. 하지만 음악을 좋아해요. 당신은요, 당신은 스포츠를 좋아하시나요?

뤽 : 네, 저는 테니스와 축구를 아주 좋아해요.

씰비 : 전 테니스도 축구도 좋아하지 않아요.

뤽 : 아, 당신은 스포츠를 싫어하시는군요?

씰비 : 아니에요, 저는 수영은 좋아해요. 하지만 극장에 가는 걸 더 좋아하지요.

aimez v. aimer(사랑하다) 동사의
에메   2인칭 복수 형태

sport n.m. 운동
스뽀흐

musicien(ne) n. 음악가
뮈지시엥(엔느)

musique n.f. 음악
뮈지끄

adore v. adorer(매우 좋아하다, 숭배하다)
아도흐   의 1인칭 단수 형태

tennis n.m. 테니스
떼니쓰

foot n.m. 축구
풋

détestez v. détester(싫어하다)의 2인칭
데떼쓰떼   복수형태

Mais non non(아니요)의 강조
메   농

natation n.f. 수영
나따씨옹

préfère v. préférer(더 좋아하다) 의
프헤페흐   1인칭 단수 형태

théâtre n.m. 연극, 극장
떼아트흐

프랑스인이 좋아하는 스포츠

축구(football)

테니스(tennis)

유도 (judo)

농구(basketball)

승마(équitation)

핸드볼(handball)

골프(golf)

럭비(rugby)

수영(natation)

탁구(tennis de table)

스키(ski)

뻬땅끄(pétanque)

🔵 문법 따라잡기

1. 기호동사 + 정관사 + 명사 / 기호동사 + 동사원형

- j'aime la lecture. / J'aime lire. 나는 독서를 좋아한다.
  젬 라 렉뛰흐　젬 리흐

- Vous adorez le voyage. / J'adore voyager. 당신은 여행을 아주 좋아한다.
  부 자도헤 르 부아이아쥬　쟈도흐 부아이아줴

- Elle préfère le train à l'avion. 그녀는 비행기보다 기차를 더 좋아한다.
  엘 프헤페흐 르 트헹 아 라비옹

  * préférer A à B : B보다 A를 더 좋아한다.

2. 부정문 (La négation)

(1) 형태 :

> **ne** + 동 사 + **pas**

- Je suis pianiste. 나는 피아니스트이다.
  쥬 쒸 삐아니스뜨

  → Je ne suis pas pianiste. 나는 피아니스트가 아니다.
    쥬 느 쒸 빠 삐아니스뜨

(2) 부정문에서 aussi(역시)는 non plus로 바뀐다.

- Il est célibataire aussi. 그 역시 독신자이다.
  일 레 쎌리바떼흐 오씨

  → Il n'est pas célibataire non plus. 그 역시 독신자가 아니다.
    일 네 빠 쎌리바떼흐 농 쁠뤼

(3) un(e), des는 부정문에서 **-pas de**로 부정관사가 생략되나 정관사는 불변

- Il a un chapeau et des lunettes. 그는 모자와 안경을 가지고 있다.
  일 라 엥 샤뽀 에 데 뤼네뜨

  → Il n'a **pas de** chapeau et **pas de** lunettes. 그는 모자와 안경을 가지고 있지 않다.
    일 나 빠 드 샤뽀 에 빠 드 뤼네뜨

- Elle a les yeux bleus. 그녀는 푸른 눈을 가졌다.
  엘 라 레 쥐외 블뢰

  → Elle n'a pas les yeux bleus. 그녀는 푸른 눈을 가지지 않았다.
    엘 나 빠 레 쥐외 블뢰

(4) ne + 동사 + pas…ni…ni / ne + 동사 + ni … ni

- Je n'ai pas de cigarettes ni de feu. 나는 담배도 불도 없다.
  쥬 네　빠 드　씨가헤뜨 니 드 푀

- Je n'aime ni le lundi ni le mardi. 나는 월요일도 화요일도 좋아하지 않는다.
  쥬　넴　 니 르 룅디 니 르 마흐디

◎ **ne** … **que** : 오직 .. 뿐인(= seulement)

; Elle ne boit que de l'eau. 그녀는 물만을 마신다.
　엘 느 부아 끄 드 로

---

3. préférer 동사 + 명사 (inf) … à … : …보다 …를 더 좋아하다.

préférer (더 좋아하다)			
je	préfère	nous	préférons
tu	préfères	vous	préférez
il / elle	préfère	ils / elles	préfèrent

- Elle préfère la ville à la campagne. 그녀는 시골보다는 도시를 더 좋아한다.
  엘 프헤훼흐 라 빌 알 라　껑빠뉴

- Il préfère écouter de la musique à lire.
  일 프헤훼흐　에꾸떼 들 라 뮈지끄　아 리흐
  그는 글을 읽는 것보다 음악을 듣는 것을 더 좋아한다.

l'amour 사랑 ≠ la haine 증오

aimer 사랑하다 ≠ ne pas aimer 사랑하지 않다

adorer 무척 사랑하다 ≠ détester, haïr 싫어하다, 증오하다

se marier 결혼하다 ≠ divorcer 이혼하다

le mariage 결혼 ≠ le divorce 이혼

mari, femme 남편, 아내 ≠ ex-mari, ex-femme 전 남편, 전 아내

요일 (Les jours de la semaine) 🎧

; 요일은 대부분 행성과 연관을 가지고 있으며 모두 라틴어로 '날' (jour)에 해당하는 'di'
를 모두 가지고 있는데, 그 어원을 알아보자.

lundi 월요일 – lune 달
렝디 뤼느

mardi 화요일 – Mars 화성
마흐디 마흐쓰

mercredi 수요일 – Mercure 수성
메흐크흐디 메흐뀌흐

jeudi 목요일 – Jupiter 목성
죄디 쥐삐테흐

vendredi 금요일 – Vénus 금성
벙드흐디 베뉘스

samedi 토요일 – sabbatique 안식일
쌈디 싸바띠끄

dimanche 일요일 – dominucus : jour du Seigneur 주의 날
디멍슈 도미뉘뀌쓰 주흐 뒤 쎄뉘흐

I. 다음 상황에 맞는 대화를 만들어 봅시다.

– Pourquoi vous ne ______________ pas l'avion ? C'est rapide !

– C'est vrai, mais c'est bruyant et cher. Alors, je ______________ le train à ___________

– Moi aussi, je ______________ le train. C'est pratique.

II. 주어진 동사를 알맞게 변화시키시오.

1. Elle ______________ la musique classique ? (préférer)

2. Tu ______________ la pomme. (jeter)

3. Nous ______________ les billets. (acheter)

4. Vous ______________ le bus. (détester)

5. Ils ______________ la danse moderne. (adorer)

III. 보기를 참고해서 다음 문장을 완성하시오.

| 보 기 |

ne ⋯ pas de, ne ⋯ pas des, ne ⋯ que, ne⋯ pas, ne ⋯ jamais, ne ⋯ ni ⋯ ni

1. Il est végétarien, il ___________ mange ___________ des légumes.

2. Je ___________ aime ___________ le lundi, parce que je me lève tôt.

3. Je ne vais pas à la piscine je ___________ ai ___________ de maillot.

4. Ce sont des poissons? Non, ce ___________ sont ___________ des poissons.

5. Elle ___________ est ___________ belle ___________ intelligente.

6. La fourmi travaille tout le temps mais la cigale ___________ travaille ___________ .

Vincent : Sonia, Tu peux me présenter cette jolie fille?
쏘냐 뛰 쁘 므 프헤정떼 쎗뜨 졸리 피으

Sonia : Bien sûr. C'est ma soeur, Lucie.
비엥 쒸흐 세 마 쒜흐 뤼씨

Vincent : Enchanté ! Mais vous êtes plus grande que votre soeur !
엉성떼 메 부 젯뜨 쁠뤼 그헝드 끄 보트흐 쒜흐

Lucie : Oui, Mais je suis moins âgée qu'elle.
위 메 쥬 쒸 므웽 자줴 껠

Vous voulez quelque chose à boire ?
부 불레 껠끄 쇼즈 아 부아흐

Vincent : Avec plaisir. On peut se tutoyer ?
아벡 쁠레지흐 옹 쁘 스 뛰뚜와이에

Lucie : Je suis d'accord.
쥬 쒸 다꼬흐

Sonia : Allez, à table !
알레 아 따블르

11. 저 예쁜 여자애를 나한테 소개해 줄 수 있니?

벵쌍 : 쏘냐, 저 예쁜 여자애를 나한테 소개해 줄 수 있니?

쏘냐 : 물론이지. 내 여동생 뤼씨야.

벵쌍 : 처음뵙겠습니다. 그런데 당신이 언니보다 더 크네요.

뤼씨 : 네, 그런데 나이는 제가 더 어린데도요. 뭐 마시실래요?

벵쌍 : 좋지요. 우리 말 놓을까요?

뤼씨 : 좋아.

쏘냐 : 자. 밥먹자 (식탁으로 와요)

enchanté(e) a. 반가운
엉셩떼

mon, ma, mes 나의
몽   마   메

votre, vos 당신들의
보트흐   보

soeur n.f. 누이, 언니
쒜흐

tutoyer v. 말놓다, tu를 사용하여 말하다.
뛰뚜와이예

âgé(e) a. 나이가 많은
아줴

présenter v. 소개하다.
프헤정떼

à table ! 밥먹자 !
아 따블르

vouloir v. 원하다.
불루와흐

boire v. 마시다.
부아흐

quelque chose 어떤것
껠끄   쇼즈

plus...que 더~한
쁠뤼   끄

moins...que 덜~한
무웽   끄

bien 잘
비옝

vouvoyer v. 존대하다. vous를 사용하여
부부와이예   말하다.

프랑스 축일(Les Fêtes de la France)

* **La fête des rois** (주현절): 1월의 첫 번째 일요일
동방박사가 예수를 찾아온 날을 기리는 축일로 갈레뜨(galette)에 숨겨진 작은 도자기인형 (fève)을 찾아낸 사람이 그 날 왕의 행세를 하며 즐기는 날이다.

* **La Chandeleur** (성촉절) : 2월 2일
그리스도 봉헌축일 및 성모의 취결례를 기리는 축일로 태양, 행복, 번영의 상징인 크레프 를 먹는다.

* **Le mardi gras** (참회 화요일) :
사육제 마지막날로 가장 무도회에서 멋진 모습으로 분장을 하고 이 날을 즐긴다. 니스의 카니발과 망통의 레몬 축제가 유명하다.

* **La Saint-Valentin** (발렌타인데이) : 2월 14일
사랑하는 연인들의 날로서 서로가 선물이나 카드로 사랑을 표시한다.

* **Pâques** (부활절) : 3월 말이나 4월 초 일요일
예수 부활을 기념하는 날로, 아이들은 정원이나 아파트에 숨겨진 달걀, 닭, 혹은 토끼 모양 의 초코렛을 찾는 놀이를 한다.

* **Le Poisson d'avril** (만우절) : 4월 1일
아이들은 생선모양으로 종이를 잘라 다른 사람의 등에 붙이며 놀려대기도 하고, 라디오나 텔레비전 방송에서조차 거짓 뉴스를 보도하기도 한다

* **La fête de la musique** (음악축제) : 6월 21일
1982년부터 시작된 음악축제 날에는 세계 곳곳에서 음악인들이 모여들어 거리 곳곳에서 음악 공연이 열린다.

* **La Fête Nationale** (혁명기념일) : 7월 14일
1789년 대혁명이 시작되면서 바스티유 감옥을 점령했던 사건을 기념하는 날로 샹젤리제 거리에서는 군인들의 가두행진이 있다.

* **La Toussaint** (만성절) : 11월 1일
1802년부터 공휴일로 지정된 모든 성인을 추모하는 날

* **Noël** (크리스마스) : 12월 25일
각 가정에서는 전나무에 크리스마스 장식을 하고 온 가족이 모여 선물을 주고 받는다. 크 리스마스 전날은 'réveillon(헤베이용)' 이라하여, 굴(huîtres), 거위 간(fois gras), 칠면조 (dinde) 등의 전통음식과 'bûche(통나무) du Noël' 이라는 통나무 모양의 케익을 먹는다.

* **La Saint-Sylvestre** : 12월 31일
한 해가 끝나는 날, 프랑스 사람들은 친구들과 만나 춤도 추고 샴페인도 마시며 새해를 축 하한다.

1. 소유 형용사

소유형용사는 소유주의 인칭과 소유대상의 성과 수에 따라 다음과 같이 변화한다.

소유주	소유대상		
주 격	단 수		복 수
	남 성	여 성	
je	mon	ma	mes
tu	ton	ta	tes
il / elle / on	son	sa	ses
nous	notre	notre	nos
vous	votre	votre	vos
ils / elles	leur	leur	leurs

- À qui est ce sac ? 이 가방은 누구거죠?
  아 끼 에 쓰 싹

  – Ah ! C'est mon sac. 그것은 제 가방입니다.
    아 쎄 몽 싹

- C'est le foulard de Paul ? 이것은 뽈의 스카프인가요?
  쎄 르 풀라흐 드 뽈

  – Oui, C'est son foulard. 예. 그것은 그의 스카프예요.
    위 쎄 쏭 풀라흐

- Voilà. Ce sont mes enfants. 자, 얘네들이 제 아이들이예요.
  부알라 쓰 쏭 메 정펑

- Vous pouvez me donner vos coordonnées ? 연락처 좀 주시겠어요?
  부 뿌베 므 도네 보 꼬어흐도네

2. pouvoir 동사 pouvoir ~할 수 있다.

je peux 쥬 뾔	nous pouvons 누 뿌봉
tu peux 뛰 뾔	vous pouvez 부 뿌베
il/ elle peut 일 엘 뾔	ils / elles peuvent 일 엘 뾔브

– pouvoir동사 뒤에 동사원형이 오면 '~할 수 있다' 는 능력을 나타낸다. 그러나 그 외에도 허락이나 부탁의 의미로도 사용된다.

- Je peux parler français. (능력) 나는 불어를 할 수 있다.
  쥬 뾔 빠흘레 프헝쎄

- Je peux sortir ? (허락) 나가도 되나요?
  쥬 뾔 쏘흐띠흐

- Vous pouvez fumer ici. (허락) 여기서는 담배 피우셔도 돼요.
  부 뿌베 퓌메 이씨

- Vous pouvez m'aider ? (요청) 저 좀 도와주시겠어요?
  부 뿌베 메데

- Vous pouvez parler moins fort ? (부탁) 좀 작게 말씀해 주시겠어요?
  부 뿌베 빠흘레 무엥 포흐

- Vous pouvez parler plus lentement ? (부탁) 좀 더 천천히 말씀해 주시겠어요?
  부 뿌베 빠흘레 쁠뤼 렁뜨멍

3. vouloir 동사 vouloir ~ 하고 싶다 🎧

je veux 쥬 뵈	nous voulons 누 불롱
tu veux 뛰 뵈	vous voulez 부 불레
il/ elle veut 일 엘 뵈	ils / elles veulent 일 엘 뵐르

- Qu'est-ce que vous voulez, madame ? 뭘 원하십니까? 부인(상점에서)
  께 스 끄 부 불레 마담

  – Je cherche une jupe plissée. 주름치마를 찾고 있어요.
  쥬 세흐슈 윈 쥡쁘 쁠리쎄

- Tu veux du café ? 커피 마실래?
  뛰 뵈 뒤 까페

  – Oui. Je veux bien. 음. 좋지.
  위 쥬 뵈 비엥

4. 비교급 (1)

(1) plus + 형용사 / 부사 que + 비교대상 : ~보다 더 ~ 하다.

(2) moins + 형용사 / 부사 + que + 비교대상 : ~보다 덜 ~ 하다.

(3) aussi + 형용사 / 부사 + que + 비교대상 : ~만큼 ~하다.

- Mon frère est plus âgé que Rodin. 내 동생이 로댕보다 더 나이가 많아요.
  몽 프헤흐 에 쁠뤼 자줴 끄 호뎅

- Agnès est moins grande que Lola. 아녜스는 롤라보다 덜 크지요.
  아녜스 에 무엥 그헝 끄 롤라

- Sa maison est aussi grande que ma maison. 그의 집은 우리집 만큼 커요.
  마 메종 에 오씨 그헝드 끄 마 메종

I. 며칠 전 이사한 Paul에게 Marie가 집 정리가 잘 되었는지 묻고있네요. 문장을 들으면서 알맞은 소유 형용사를 넣어 보세요.

  (1) Comment tu as rangé __________ meubles dans __________ chambre ?

  (2) Mon lit est à côté de __________ bureau.

  (3) Et __________ armoire?

  (4) __________ armoire est à droite de la fenêtre.

  (5) Et __________ ordinateur ? Tu l'a mis dans __________ chambre ?

  (6) Non. C'est l'ordinateur de mon frère. Il est sur ______ bureau.

  (7) En tout cas, __________ affaires sont bien rangées.

  (8) Je mets __________ CD et __________ livres sur l'étagère.

  (9) Tu peux venir avec __________ amie Linna.

II. avoir와 être를 적절히 사용하여 다음 인물들을 묘사해 보세요.

  (1) Henri _____________ petit et gros.

  (2) Paul _____________ une barbe.

  (3) Anne _____________ blonde et grande.

  (4) Yannick _____________ les yeux verts.

  (5) Elsa _____________ mince et très belle.

III. 다음 문장들을 들으면서 단어들을 순서대로 배열하여 보세요.

  (1) jardin / Mon / plus / le / tien / joli / est / que

  (2) aussi / que / soeur / bien / écris / Tu / ta

  (3) plus / Parlez / poliment

  (4) suis / plus / que / gentil / toi / Je

IV. 다음 대화에 따라 알맞은 층수를 프랑스어로 적어 넣어 보세요.

  (1) Vous habitez à quel étage ? – 7층에 삽니다 _________________

  (2) La réunion a lieu à quel étage ? – 1층이요 _________________

  (3) Le bureau du directeur se trouve à quel étage ? – 2층이요 _____________

  ＊ 프랑스어로 1층은 rez-de-chaussée입니다. 2층이 premier étage이고 3층이면
    deuxième étage, 4층이면 troisième étage … 등 우리나라의 층수와 같지 않습니다.

Jean : Pardon, madame, je voudrais aller à la gare Saint Lazare.
빠흐동　마담　쥬　부드헤　알레 알라 갸흐　쌩　라자흐

C'est loin d'ici ?
쎄　루엥　디씨

La passagère : Mais non, ce n'est pas loin. Vous allez à pied ?
메　농　쓰 네　빠 루엥　부　잘레 아 삐예

Jean : Non, je prends le métro. Je dois changer ?
농　쥬　프헝　르 메트호　쥬 두아　성줴

La passagère : Non, C'est direct. En métro, c'est facile.
농　쎄　디헥뜨　엉　메트호　쎄　파씰

Jean : Merci beaucoup, madame. Au revoir !
메흐씨　보꾸　마담　오　흐부아흐

La passagère : De rien, Au revoir !
드　히엥　오　흐부아흐

12. 나는 생 라자르 역에 지하철으로 갑니다.

쟝 : 죄송합니다만 부인, 전 생 라자르 역에 가려는데 여기서 먼가요?

행인 : 아니에요, 멀지 않아요. 걸어서 갈 건 가요?

쟝 : 아니요, 지하철을 탈거예요. 갈아타야 하나요?

행인 : 아니에요, 직행입니다. 지하철로는 쉽지요.

쟝 : 정말 고맙습니다. 부인, 안녕히 가세요.

행인 : 천만에요, 안녕히 가세요.

pardon n.m. 용서 / 죄송합니다. 뭐라구요?
빠흐동

voudrais v. vouloir(바라다)의 조건법
부드헤　　　　현재로 공손한 표현

à …에
아

gare n.f. 역
갸흐

aller v. …로 가다 / 상태가 …하다.
알레

loin ad. 멀리 (≠ près)
루엥

ici 여기
이씨

Mais non non(아니요)의 강조
메　　농

pied n.m. 발
삐예

à pied 걸어서
아 삐예

prends v. prendre (얻다, 타다)의 1인칭
프헝　　　　　단수 형태

métro n.m. 지하철
메트호

dois v. devoir(…해야하다)의 1인칭
두아　　　　단수형태

changer v. 바꾸다.
셩줴

direct(e) a. 곧은, 직통의
디헥뜨

facile a. 쉬운
파씰

beaucoup ad. 많이
보꾸

passager(ère) n. 행인
빠싸줴(줴흐)

De rien 천만에요
드 히영

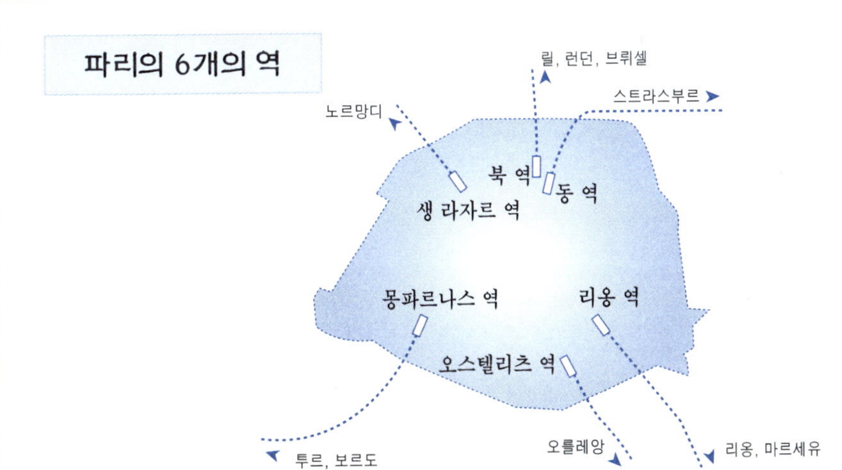

- gare de Saint-Lazare (생 라자르 역)
- gare du Nord (북 역)
- gare d'Austerlitz (오스테리츠 역)
- gare de Lyon (리옹 역)
- gare de l'Est (동 역)
- gare Montparnasse (몽파르나스 역)

● 문법 따라잡기 

1. **aller 동사(Le verbe aller)** + **au / à la / à l'** : …로 가다 

aller			
je	vais	nous	allons
tu	vas	vous	allez
il/ elle	va	ils/ elles	vont

– Je vais à Paris / au cinéma. 나는 파리로 / 영화관에 간다 au = à + le
  쥬 베 아 빠히   오 씨네마

– Elle va à la bibliothèque. 그녀는 도서관에 간다.
  엘 바아라   비블리오떼끄

– Vous allez à l'exposition ? 그래, 당신은 전시회에 가나요?
  부   잘레 아 렉스뽀지씨용

◎ **aller** 동사는 「**가다**」는 의미 이외에도 「**상태가 …하다**」, 「**~지내다**」의 의미에서 인사표현으로, 또 「**어울리다**」의 의미 등으로도 사용된다

– Comment allez-vous ? 어떻게 지내시나요?, 안녕하세요?
  꺼멍   딸레   부

– Je vais bien. Merci. 잘 지내요. 감사합니다.
  쥬 베   비엥   메흐씨

– Cette robe me va bien ? 이 원피스 나에게 잘 어울려요?
  쎄뜨 호브 므 바 비엥

– Oui, ça te va très bien. 그래, 너에게 아주 잘 어울려.
  위   싸 뜨 바 트헤 비엥

◎ **관사 축약과 생략**

; 남성 명사 앞 – **à + le →** 「**au**」

  여성명사 앞 → 「**à la**」 / 모음이나 무음 h 앞 → 「**à l'**」

– Je vais au(= à + le) musée. 나는 미술관을 간다.
  쥬 베 오   뮈제

– Il va à la gare. 그는 역에 간다.
  일 바 아 라 갸흐

– Elles vont à l'Opéra. 그녀들은 오페라 극장에 간다.
  엘   봉 아 로뻬하

2. **prendre** 동사(**le verbe prendre**) (타다, 먹다, 잡다.) 🎧

prendre

je	prends	nous	prenons
tu	prends	vous	prenez
il/ elle	prend	ils/ elles	prennent

– Je prends le métro / l'avion 나는 지하철을 / 비행기를 탄다.
　쥬　프헝　르 메트호　　라비옹

– Qu'est−ce que vous prenez ? 무엇을 드시겠습니까?
　　　　　께스　　　꼬　부　　프흐네

– Prenez la rue à droite ! 오른쪽길로 가세요.
　프흐네 라 휘 아 드후아뜨

3. **Merci** ! (고맙습니다.) / **De rien** ! (천만에요!) 🎧

; Merci beaucoup ! 정말 고마워요! / Merci mille fois ! 정말 너무 고마워요!
　메흐씨　　보꾸　　　　　　　　　메흐씨　밀 푸아

Je vous remercie ! 당신에게 감사드려요!
　쥬　부　흐메흐씨

→ De rien ! Je vous en prie ! / Ce n'est rien ! 천만에요 ! 아무것도 아니에요!
　드 히엥 쥬 부 정 프히　　쓰 네 히엥

C'est vraiment peu de chose. 정말 아무 것도 아닙니다.
쎄　브헤멍　　뾔 드 쑈즈

■ 전치사 + 교통 수단 (**Préposotions + noms de transport**)

◎ **Pardon**은 〈미안하다〉는 의미와 어떤 것을 되물을 때 모두 사용된다.
　빠흐동

– Oh, pardon, Excusez-moi.　죄송합니다.

– Pardon ? Je ne comprends pas.　뭐라구요? 이해가 안되네요.

– aller **en** train / avion / bus / voiture / taxi / bateau
　알레　엉　트헹　아비옹　뷔쓰　부아뛰흐　딱씨　바또

기차로 / 비행기로 / 버스로 / 자동차로 / 택시로 / 배로 가다.

– aller **à** pied / cheval / vélo (bicyclette) / moto
　　알레　아　삐에　슈발　벨로 비씨끌레뜨　모또

걸어서 / 말을 타고 / 자전거로 / 오토바이로 가다.

■ 지하철 노선도를 보고 다음을 들어보시오. 🎧

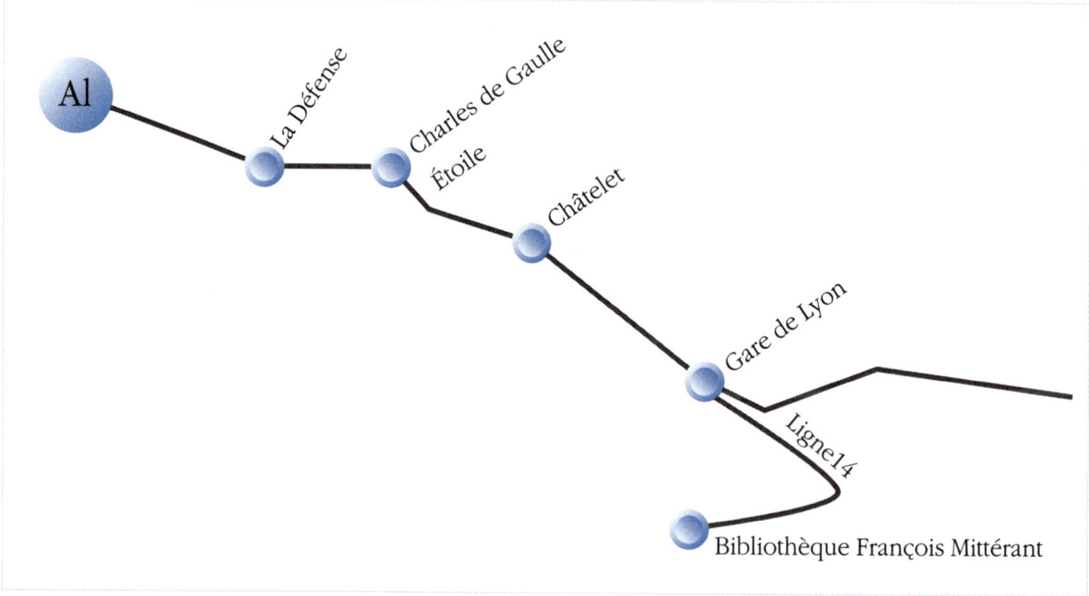

– Pour aller à la bibliothèque nationale de France, je prends d'abord le RER A 1. Je change à la gare de Lyon et je prends la ligne 14 jusqu'au terminus.

■ Transport(교통)

- Navigo : 파리 교통카드
- carte orange ; carte mensuelle (한 달 할인권)
  　　　　　　　; carte hebdomadaire(한 주 할인권)
- mobilis : 지하철 하루권 / Paris visite : 파리 관광을 위한 정기권
- sortie : 출구 / entrée : 입구 / poussez : 밀다 / tirez : 당기다
- correspondance : 갈아타는 곳 / guichet : 매표소 / péage : 톨게이트
- autoroute : 고속도로 / périphérique : 파리 외곽순환 자동차 전용도로
- RER : 수도권 고속전철 (Réseau express régional)
- SNCF : 프랑스 국유철도 (Société Nationale des Chemins de fer français)
- RATP : 파리시 교통공사 (Régie autonome des transports parisiens)

Ⅰ. 다음 상황에 맞는 대화를 만들어 봅시다.

- Est-ce que tu va ____________ gare ____________ taxi ?
- Non, je ____________ le métro. Et toi ?
- Moi, j'y vais ____________ pied ou à vélo.
  C'est bon pour la santé.

Ⅱ. 다음을 연결하시오.

1. Il prend   a • les billets
2. Ils vont au   b • à Londres
3. Tu achètes   c • bibliothèque
4. Elle habite   d • le métro
5. Vous allez à la   e • théâtre.

Ⅲ. 상대방에게 학교에서 집까지 어떻게 가는지 프랑스어로 이야기해 봅시다.

On se voit à quelle heure ?

Philippe : Allô, Michelle, C'est Philippe. Ça va ?
알로　미셸　쎄　필립　싸바

Michelle : Ah ! Philippe. Ça va très bien.
아　필립　싸 바 트헤 비엥

Philippe : Tu es libre demain soir ? C'est l'anniversaire de Suzanne.
뛰 에 리브흐　드멩 쑤와흐 쎄　라니베흐쎄흐　드　쒸잔

Elle fête son anniversaire chez elle. Tu viens avec moi ?
엘 펫뜨 쏘　나니베흐쎄흐　셰　젤 뛰 비엥 아벡 무와

Michelle : Oui. J'aimerais bien. Je n'ai rien à faire demain.
위　젬므헤　비엥 쥬 네 히예 나 페흐　드멩

La fête commence à quelle heure ?
라 펫뜨　꺼멍쓰　아 껠　뤠흐

Philippe : Ça commence à 19 heures trente. Donc on se voit à
싸　꺼멍스　아 디즈네붸흐　트헝뜨　동끄　옹 스 부와 아

18 heures ?
디즈 윗 뙈흐

Michelle : O.K. Devant le restau U?
오께　드벙　르 헤스또 위

Philippe : Entendu. À 6 heures du soir devant le restau U.
엉떵뒤　아 씨 쥐흐　뒤 쑤아흐 드벙　르　헤스또 위

On apporte des fleurs et du vin ?
오　나뽀흐뜨 데 플뤠흐 에 뒤 벵

13. 몇시에 만날까?

필립 : 여보세요. 미셸, 나 필립이야, 잘지내?

미셸 : 아! 필립! 아주 잘 지내.

필립 : 내일 저녁 시간있니? 쉬잔 생일인데.
　　　 집에서 파티한대. 나랑 같이 갈래?

미셸 : 좋아. 난 내일 할일 없어. 파티는 몇 시에 시작인데?

필립 : 저녁 7시 반. 그러니까 저녁 6시에 볼까?

미셸 : 응. 대학식당앞에서?

필립 : 그래. 6시에 대학식당 앞에서 봐. 꽃하고 포도주 가져갈까?

 단어와 숙어

se voir v. 만나다
쓰　부와흐

heure n.f. 시간
웨흐

minuite n.f. 분
미뉫뜨

faire v. 하다
페흐

rien 아무것도
히엉

entendu 알았어
엉떵뒤

soir n.m. 저녁
쑤와흐

venir v. 오다.
브니흐

rendez-vous n.m. 약속
헝데부

quel(le) 어떤, 어느
껠

allô 여보세요
알로

libre a. 자유로운
리브흐

demain n.m. 내일
드멩

fêter v. 파티하다.
펫떼

anniversaire v.m. 생일
아니베흐쎄흐

viens v. venir(오다)의 2인칭 단수형태
브니흐

avec ~와 함께
아벡끄

restau(rant) U(universitaire), resto
헤스또(헝)　위(위니베흐씨떼흐) 헤스또⌐ 대학 식당

commencer v. 시작하다.
꺼멍쎄

devant ~앞에
드벙

vin n.m. 포도주
벵

fleur n.f. 꽃
플뤠흐

apporte apporter(가져오다)의 3인칭
아뽀흐뜨 단수형태

문법 따라잡기

1. 시간 묻고 말하기

시간을 물을 때에는 Quelle heure est – il?, Il est quelle heure?, Vous avez l'heure? 라고 표현한다. 시간을 말하는 표현은 Il est …… heure(s) + 분이다

프랑스에서의 시간표현은 우리나라에서와 마찬가지로 '오전 …시, 오후 …시' 라고 말하기도 하고 13시, 14시… 등 공식시간으로 표현하기도 한다. TV나 라디오 방송시간, 기차역에서의 기차 시간등은 공식시간을 사용한다.

(1) 아침 (Le matin) Il est 일레 

6 heures (du matin)	6 heures 30	8 heures
씨줴흐 뒤 마뗑	씨줴흐 에드미	위뙈흐

(2) 오후 (l'après-midi) Il est 일레

midi	1 h de l'après-midi	3 h de l'après-midi	5 h de l'après-midi
미디	위눼흐 드 라프헤미디	트후와줴흐 드 라프헤미디	쌩꿰흐 드 라프헤미디
12 h	13 h	15 h	17 h.
두줴흐	트헤줴흐	껨줴흐	디셋뙈흐

(3) 저녁 (le soir) Il est 일레 

6 h du soir	8 h du soir	11h du soir	0h
씨줴흐 뒤 쑤와흐	윗뙈흐 뒤 쑤와흐	옹줴흐 뒤 쑤와흐	제호웨흐
18 h	20 h	23 h	minuit
디즈위 뙈흐	벵 뙈흐	벵트후와줴흐	미뉘

(4) 분 (**Les minutes**)

5시　5분　Il est cinq heures cinq.

5시　15분　Il est cinq heures quinze. (= et quart)

5시　20분　Il est cinq heures vingt.

5시　30분　Il est cinq heures trente. (= et demie)

5시　45분　Il est cinq heures quarante cinq. (= 6 h moins le quart = 6 h moins quinze)

5시　50분　Il est cinq heures cinquante. (= 6 h moins dix)

2. **Rien / Quelque chose / Personne / Quelqu'un**

(1) 「rien(아무것도 ~않다)」와 「personne(아무도 ~않다)」는 부정문에 ne와 함께 사용된다. 반면에 「quelque chose(어떤 것)」과 「quelqu'un(어떤 사람)」은 긍정문에 사용된다. Rien과 quelque chose는 사물을, personne와 quelqu'un은 사람을 가리킨다.

- Il y a quelque chose dans la boîte aux lettres ? 편지통에 뭐 있어요?
  일리야　껠끄　쇼즈　덩　라 부왔뜨　오　레트흐

  – Non, il n'y a rien. 아니요. 아무것도 없어요.
  농　일니야　히영

- Il y a quelqu'un dans la maison ? 집에 누가 있나요?
  일리야　껠껭　덩　라　메죵

  – Non, il n'y a personne. 아니요. 아무도 없어요.
  농　일니야　뻬흐쏜느

- Tu vois quelque chose ? 뭐가 보이니?
  뛰 부와　껠끄　쇼즈

  – Non, je ne vois rien. 아니, 아무것도 안보여.
  농　쥬 느 부와　히영

- Tu vois quelqu'un ? 누군가가 보여?
  뛰 부와　껠껭

  – Non, je ne vois personne. 아니, 아무도 안보여.
  농　쥬 느 부와　뻬흐쏜느

(2) Quelque chose à + 동사원형 / Rien à + 동사원형

　　「quelque chose」와 「rien」 뒤에 동사원형은 「à」로 연결된다.

- Monsieur, j'ai quelque chose à vous dire. 선생님, 드릴 말씀이 있는데요.
  무쒸유　줴　껠끄　쇼즈 아 부　디흐

- Il n'y a rien à manger dans le réfrigérateur. 냉장고에 먹을 게 하나도 없어요.
  일 니아　히예 나 멍줴　덩　르 헤프히줴하뙈흐

(3) Quelque chose + de + 형용사 / Rien + de + 형용사

「quelque chose」와 「rien」은 de 뒤에 형용사가 놓인다.

• Il y a quelque chose d'intéressant à la télé ce soir ? 오늘 저녁에 TV에서 뭐 재미난게
  일이야 껠끄   쇼즈   뎅떼헤썽 알라뗄레 쓰쑤와흐   있어요?

• Il n'y a rien de nouveau sous le ciel. 하늘아래 새로운 것이 하나도 없구나.
  일 니야 히엥 드   누보   쑤 르 씨엘

■ 프랑스어에서 약자는 abréviation과 sigle, 두 종류가 있다. abréviation은 한 단어의 줄임
말이고, sigle이란 여러 단어가 합쳐져서 된 말중 첫글자만 딴 것이다.

Abréviation	Sigles
appt : un appartement (아파트) asc : ascenseur (승강기) bac : bacalauréat (바칼로레아) ch : chambre (방) cuis : cuisine (부엌) gge : un garage (차고) H : Hôpital (병원) pce : une pièce (사무실) sdb : salle de bain (욕실) rdc : rez-de-chaussé (1층) m2 : mètre carré (제곱미터) restau : restaurant (레스토랑) ciné : cinéma (영화, 영화관)	A.N.P.E. : Agence Nationale Pour L'emploi (국립직업원) B.C.B.G : Bon Chic Bon Genre (점잖고도 멋있는) FLE : Français Langue étrangère (외국어로서의 프랑스어 교육) S.N.C.F : Société Nationale des Chemins de fer Français (프랑스 국유철도) RER : réseau express régional (수도권 고속전철) RATP : Régie autonome des transports parisiens (파리교통공사) O.V.N.I : Objet Volant Non Identifié (미확인 비행물체) B.D : Bande dessinée (만화)

약속정하기(Rendez-vous) 🎧

Cet après-midi on va faire les courses ? 오늘 오후에 장보러 갈까?
쎗 따프헤 미디 옹 바 페흐 레 꾸흐쓰

 – Ah non. J'ai rendez-vous cet après-midi. 아, 안돼. 오늘 오후에 약속있어.
   아 농 줴   헝데부   쎗 따프헤미디

 – Alors, ce soir ? 그러면, 오늘 저녁은?
   알로흐 쓰 쑤와흐

 – Ce soir ? C'est possible. 오늘 저녁은 가능해요.
   쓰 쑤와흐 쎄   뽀씨블르

I. 다음 대화를 듣고 맞는 답을 골라보세요.

(1) À quelle heure tu arrives ?　　　　a) minuit　　b) 7 h. du soir　c) 15 h.

(2) Vous avez l'heure ?　　　　　　　a) 10 h. 10　b) 8 h. 25　　c) 8 h. moins 25

(3) Quelle heure est-il ?　　　　　　a) 9 h.　　　b) 6 h.　　　c) 19 h.

(4) Le lundi j'ai un cours de français.　a) à 13 h.　　b) vers 13 h.　c) à 15 h.

II. 알맞은 전치사나 대명사를 넣어보세요.

(1) Aujourd'hui je n'ai rien ＿＿＿＿＿ faire.

(2) Il y a quelqu'un ? – Il n'y a ＿＿＿＿＿＿＿

(3) Dans le noir, je ne vois ＿＿＿＿＿＿＿＿

(4) ＿＿＿＿＿＿＿＿ ne bouge.

III. 대화의 질문을 찾아 보세요.

(1) ＿＿＿＿＿＿＿＿＿＿＿ – Il est 5 heures 10.

(2) ＿＿＿＿＿＿＿＿＿＿＿ – J'ai rendez-vous à midi.

(3) ＿＿＿＿＿＿＿＿＿＿＿ – Il habite à Paris.

(4) ＿＿＿＿＿＿＿＿＿＿＿ – Non. Il n'aime personne.

IV. Paul과 Marion이 약속하는 다음 대화를 들으면서 다음 문장들을 완성해 보세요.

(1) ＿＿＿ au restaurant chinois ce soir ?　(2) Avec plaisir ! À ＿＿＿ ?

(3) Ben… ＿＿＿ Ça va ?　　　　　　　(4) Oui.Ça va, ＿＿＿＿＿ où ?

(5) ＿＿＿ la Boulangerie Jean.　　　　(6) O.K. À ＿＿＿ devant la boulangerie

　　　　　　　　　　　　　　　　　　　　Jean.

V. 빈칸에 si나 oui를 넣어보세요.

(1) Tu n'as pas le CD de Beatles ?

　– ＿＿＿ Il est dans le tiroir.

(2) Il y a assez de vin pour des invités ?

　– ＿＿＿ Il y en a assez.

＊en은 du vin을 받는 지시 대명사.

Je me lève tôt et je me couche tard.

Lucie : Tu es libre ce soir ?
뛰 에 리브흐 쓰 쑤와흐

David : J'ai un examen demain.
줴 엉 에그자멩 드멩

Lucie : Oh, oui, Pas de chance, moi je peux me lever tard.
오 위 파 드 성스 무아 쥬 쁴 므 르베 따흐

David : Ah bon ? Je me lève tôt et je me couche tard. C'est fatigant.
아 봉 쥬 므 레브 또 에 쥬 므 꾸슈 따흐 쎄 파띠경

Lucie : Alors, bon courage !
알로흐 봉 꾸하쥬

David : Merci! Et toi, bonne soirée !
메르씨 에 뚜아 본느 쑤와헤

---

14. 난 일찍 일어나고 늦게 자요.

뤼시 : 오늘 저녁에 너 시간 있니?

다비드 : 아니, 난 내일 시험이 있어.

뤼시 : 아, 그래 운이 없구나, 난 늦게 일어날 수 있어.

다비드 : 아, 그래? 난 일찍 일어나고, 늦게 자. 피곤하지.

뤼시 : 그러면, 힘내 !

다비드 : 고맙다. 너도 즐거운 저녁나절 보내!

libre a. 자유로운, 비어있는
리브흐

ce(cette) a. 이, 그, 저
쓰(쎗뜨)

soir n.m. 저녁
쑤와흐

examen n.m. 시험, 검토
에그자멩

a v. avoir(가지다)의 3인칭 단수형태
아

chance n.f. 행운
셩쓰

il y a …가 있다.
일리야

demain n.m. 내일
드멩

se lève v. se lever (일어나다)의
쓰 레브   1인칭 단수형태

tôt ad. 이른
또

se couche v. se coucher(자다, 눕다)의
쓰 꾸슈   1인칭 단수형태

tard ad. 늦게
따흐

fatigant(e) a. 피곤하게 하는, 힘드는
파 띠겅(뜨)

alors 그러면, 그래서
알로흐

bon(ne) a. 좋은
봉(본느)

courage n.m. 용기
꾸하쥬

toi tu(너는)의 강세형
뚜아

soirée n.f. 저녁(시간), 야회
쑤와헤

---

examen / concours

프랑스의 시험에는 두 가지 종류가 있다. 학교에서 보는 시험이나 **바까로레아**(**baccalauréat**)같은 시험은 "**examen**"이라하고, **그랑 제꼴**(**Grandes Écoles**)같은 선발시험은 "**concours**"라는 단어를 사용한다. 고등학교 졸업 자격시험이자 대학 입학시험인 바까로레아(**Baccalauréat**) 같은 경우는 철학시험이 아주 유명하다. 엘리트 양성기관인 그랑 제꼴에는 **ENS**(Écoles normales supérieures : 고등 사범학교), **ENA**(Écoles nationales d'administration, 국립행정학교) 등이 있다.

문법 따라잡기 

1. 지시형용사

남성 단수	여성 단수	남·여성 복수
ce (cet)	cette	ces

(1) 「이, 그, 저」의 의미를 가지는 지시 형용사이다.

 ; Ce garçon (이 소년) / cette fille (이 소녀) / ces enfants (이 아이들)
 쓰 갸흐쏭　　　　　쎗뜨 휘이으　　　　쎄 정펑

(2) 모음이나 무음 h(h muet)로 시작되는 남성 단수 앞에서는 〈cet〉가 사용된다.

 ; cet immeuble / cet homme
 쎄 띠뫼블　　쎄 떰므

(3) 시간을 나타내는 명사 앞에는 현재와 가까운 시간을 나타낸다.

 ; ce matin (오늘 아침) / cet après-midi (오늘 오후) / ce soir (오늘 저녁)
 쓰 마땡　　　　쎄 따프헤 미디　　　　쓰 쑤와흐
 cette nuit (오늘 밤) / cette année (올해) / ce mois (이번 달)
 쎗뜨 뉘　　　　쎄따네　　　　쓰 무아

2. finir 동사 (Le verbe finir) 끝내다

 ; 인칭에 따라 어미가 규칙적으로 변하는 2군동사로 choisir(선택하다), grossir(살찌다) 등도 finir동사와 같이 동사 변화를 한다.

■ 어미 :

je	…is	nous	…issons
tu	…is	vous	…issez
Il elle	…it	ils / elles	…issent

finir

je	finis	nous	finissons
tu	finis	vous	finissez
il/ elle	finit	ils/ elles	finissent

– Le cours finit à 15 h. 수업은 오후 3시에 끝난다.
르 꾸흐　피니 아 깽 쥬흐

– Tout est bien qui finit bien. 끝이 좋으면 다 좋다.
뚜　떼　비엥　끼 피니 비엥

3. 대명동사(Les verbes pronominaux) 

<table>
<tr><td colspan="2" align="center">se lever(일어나다)</td><td colspan="2" align="center">se coucher(자다)</td></tr>
<tr><td>je me lève</td><td>nous nous levons</td><td>je me couche</td><td>nous nous couchons</td></tr>
<tr><td>tu te lèves</td><td>vous vous levez</td><td>tu te couches</td><td>vous vous couchez</td></tr>
<tr><td>il elle se lève</td><td>ils / elles se lèvent</td><td>il / elle se couche</td><td>ils / elles se couchent</td></tr>
</table>

■ 대명동사는 재귀적, 상호적, 본질적, 수동적 대명동사가 있다.

– 재귀적 대명동사 : Elle se lave. 그녀는 씻는다.
　　　　　　　　엘　쓰 라브

– 상호적 대명동사 : Ils s'aiment. 그들은 서로 사랑한다.
　　　　　　　　일　쎔므

– 본질적 대명동사 : Ils s'en vont. 그들이 사라진다.
　　　　　　　　일 썽　봉

– 수동적 대명동사 : Ce livre se vent bien. 이 책은 잘 팔린다.
　　　　　　　　쓰 리브흐쓰　벙　비엥

avant-hier	hier	aujourd'hui	demain	après-demain
아벙 이에흐	이에흐	오쥬흐디	드멩	아프헤 드멩
(그저께)	(어제)	(오늘)	(내일)	(모레)

■ 기원의 표현 (Le Souhait)

- Bonjour ! : 아침 인사
  봉쥬흐

- Bonsoir ! : 저녁 인사
  봉쑤와흐

- Bonne nuit ! : 밤 인사
  본뉘

- Bon courage ! : 용기 내세요! / 기운 내!
  봉   꾸하쥬

- Bon voyage ! : 즐거운 여행 보내세요!
  봉   부아이아쥬

- Bon appétit ! : 맛있게 드세요!
  보나뻬띠

- Bon travail ! : 수고하세요!
  봉   트하바이으

- Bonne chance ! : 행운이 있기를!
  본느   셩쓰

- Bonne fête ! : 즐거운 축제 보내세요!
  본느   펫뜨

- Bonne journée ! : 즐거운 하루 보내세요!
  본느   쥬흐네

- Bonne soirée ! : 즐거운 저녁(야회) 보내세요!
  본느   쑤와헤

- Bonne année ! : 새해 복 많이 받으세요!
  보나네

- Bonnes vacances ! : 즐거운 휴가 보내세요!
  본   바껑쓰

* journée / soiréee / année는 지속(durée)의 의미를 가지므로 온종일은 tous les jours (매일)가 아니라 toute la jourée이다.

연 습 해 보 기

Ⅰ. 다음 상황에 맞는 대화를 만들어 봅시다.

– Réveille-toi !

– Quoi ! Maintenant, il est 6 h. ! Aujourd'hui, c'est dimanche !

– À quelle heure tu ________________ ?

– Moi, je ________________ tard le dimanche !

Ⅱ. 주어진 동사를 알맞게 변화시키시오.

1. Le spectacle ________________ vers minuit.(finir)

2. Je ________________ les cheveux. (se laver)

3. Vous ________________ comment ? (s'appeler)

4. Le soleil ________________ les lettres d'amant. (jaunir)

5. Elles ________________ à la dernière mode. (s'habiller)

Ⅲ. 하루의 일과를 대명동사를 사용해서 간단하게 프랑스어로 말해 보시오.

____.

15 J'ai raté mon train.

Nicole : Oh là là tu arrives enfin ! Qu'est-ce qu'il y a ?
올 라 라 뛰 아히브 엉펭 께 스 낄리야

Yannick : J'ai raté mon train de 6 heures.
쥐 하떼 몽 트헹 드 씨 쥐흐

Nicole : Je t'ai téléphoné plusieurs fois.
쥬 떼 뗄레포네 쁠뤼지예흐 푸와

Yannick : Ben… J'ai laissé mon téléphone portable chez moi.
벵 쥐 렛쎄 몽 뗄레폰 뽀흐따블르 셰 무와

Nicole : La réunion a commencé il y a 20 minuites.
라 헤위니용 아 꺼멍쎄 일 리야 벵 미눳뜨

Aujourd'hui le directeur te cherche.
오쥬흐뒤 르 디헥뛔흐 뜨 세흐슈

Yannick : O.K. Je me dépêche.
오께 쥬 므 데뺏슈

---

15. 기차를 놓쳤어요.

니꼴 : 아이고. 이제 오셨군요. 무슨 일이예요?

야닉 : 6시 기차를 놓쳤어요.

니꼴 : 여러번 전화했어요.

야닉 : 아휴… 핸드폰을 집에 놓고 왔어요.

니꼴 : 회의는 20분 전에 시작했어요. 오늘따라 사장님이 당신을 찾네요.

야닉 : 알았어요. 서두를께요.

oh là là 어머나, 저런
올 라 라

rater v. 놓치다.
하떼

train n.m. 기차
트헹

photo n.f. 사진
포또

Ah bon ! 아, 그래(요)
아 봉

arriver à l'heure 정각에 도착하다.
아히베 아 뢰흐

arriver en avance 미리 도착하다.
아히베 어나벙스

arriver en retard 지각하다.
아히베 엉 흐따흐

directeur(trice) n.m. 사장
디헥뛔흐(트히쓰)

Qu'est-ce qu'il y a ? 무슨 일이죠?
께 쓰 낄 리 야

plusieurs fois 여러번
쁠뤼쥐예흐 푸와

vingt n.m. 20
벵

réunion n.f. 회의
헤위니용

prendre v. 먹다, 잡다, 타다.
프헝드흐

aujourd'hui 오늘
오쥬흐 뒤

se dépêcher v. 서두르다.
쓰 데뻿쉐

commencer v. 시작하다.
꺼멍쎄

laisser v. 남겨두다.
레쎄

téléphone portable 핸드폰
뗄레폰 뽀흐따블르

chercher v. 찾다.
셰흐셰

chez moi 내집에
셰 무와

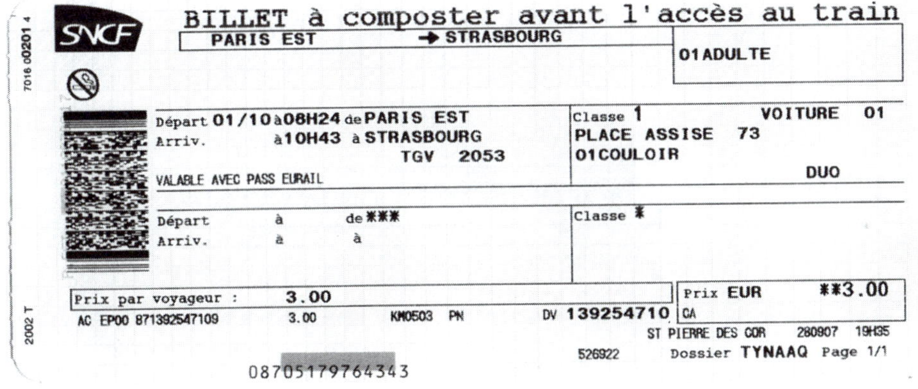

■기차를 타기 전에 반드시 티켓을 자동 소인기(composteur)에 넣어 소인을 찍어야 한다
(composter). 날짜와 시간이 찍히지 않은 기차표는 검표원(contrôleur)이 벌금(amande)을 물게
한다.

● 문법 따라잡기

1. 복합과거 (1) : **avoir** + 동사의 과거분사

과거에 일어난 행위나 사건을 표현할 때 복합과거를 사용한다.

현재	복합과거
Je mange un gâteau. 나는 케잌을 먹는다. 쥬 멍쥬 엥 갸또	J'ai mangé un gâteau. 나는 케잌을 먹었다. 줴 멍줴 엥 갸또

2. 과거분사

동사원형	과거분사
acheter	acheté
commencer	commencé
nager	nagé
manger	mangé
danser	dansé

(1) 1군동사 : – é

- Hier j'ai acheté un livre. 어제 나는 책을 한 권 샀다.
  이예흐 줴 아슛떼 엥 리브흐
- À midi il a mangé un steak. 정오에 스테이크를 먹었다.
  아 미디 일라 멍줴 엥 스떼이끄
- On a dansé toute la nuit. 밤새 우리는 춤을 추었다.
  오 나 덩쎄 뚯뜰 라 뉘

동사원형	과거분사
finir	fini
rougir	rougi
brunir	bruni
mincir	minci
grossir	grossi

(2) 2군동사 : -i

- Comme tu as grandi ! 너 참 많이 컸구나.
  껌 뛰 아 그헝디
- Il a rougi. 그는 얼굴이 빨개졌다.
  일 라 후쥐
- J'ai grossi de 3 kg. 나는 3 킬로 살이쪘다.
  줴 그호씨 드 트후와낄로
- J'ai fini à 5 h. 나는 5시에 끝났어요.
  줴 피니 아 쌩꿰흐.

(3) 3군동사

동사원형	과거분사
voir	vu
courir	couru
mettre	mis
prendre	pris
sortir	sorti
ouvrir	ouvert
être	été
avoir	eu
faire	fait

- Ce matin j'ai couru pour aller à la fac.
  쓰 마뗑 줴 꾸휘 뿌흐 알레 알 라 팍
  오늘 아침 나는 학교에 가기 위해 뛰었다.
- Vous avez vu M.KIM aujourd'hui ?
  부 자베 뷔 무씨유 킴 오쥬흐뒤
  오늘 김선생님을 보셨나요?
- On a pris des photos dans le parc.
  오 나 프히 데 포또 덩 르 빠흐끄
  우리는 공원에서 사진을 찍었다.
- Qu'est-ce que vous avez fait hier ?
  께 스 끄 부 자베 페 이예흐
  어제 뭐하셨나요?
- J'ai regardé la télé.
  줴 흐갸흐데 라 뗄레
  나는 텔레비젼을 보았다.

2. 직접 목적 보어 인칭대명사

1인칭 단수	me	1인칭 복수	nous
2인칭 단수	te / vous	2인칭 복수	vous
3인칭 단수	le / la / l'	3인칭 복수	les

직접 목적보어 인칭대명사는 동사 앞에 위치한다.

- Vous cherchez **la clé** ? – Oui. Je **la** cherche. 이 열쇠를 찾으세요? – 네 그걸 찾습니다.
  부 세흐세 라 끌레 위 쥬 라 세흐슈
- Il achète **les livres** ? – Oui, il **les** achète. 그는 이 책들을 사나? – 네, 그는 그것들을 사요.
  일 라셋뜨 레 리브흐 위 일레 쟈쉣뜨

3인칭 단수에 해당하는 직접목적 보어 인칭대명사 뒤에 모음이나 무음 h로 시작하는 동사
가 오면 l'로 축약된다.

- Tu aime **Paul / Maire ?** – Oui je l'aime. 너는 뽈/마리을 좋아하니 ? – 응 난 그/그녀를
  뛰 엠 뽈 마리 위 쥬 렘   좋아해.

3. 간접 목적 보어 인칭대명사

1인칭 단수	me	1인칭 복수	nous
2인칭 단수	te / vous	2인칭 복수	vous
3인칭 단수	lui / elle	3인칭 복수	leur

동사 뒤에 전치사 à가 오는 동사들은 간접목적 보어 인칭대명사를 사용한다.

Nicole téléphone à Yannick ? – Oui. Elle lui téléphone.
니꼴 뗄레폰 아 야닉   위 엘 뤼 뗄레폰
니꼴은 야닉에게 전화하니 ?   – 네 그녀는 그에게 전화해요.

Joëlle a parlé à son directeur de cet affaire ? – Oui. Elle lui a parlé de ça.
조엘 아 빠흘레 아 쏭 디헥뙈흐 드 쎗 따페흐   위 엘 뤼 아 빠흘레 드 싸
조엘이 이 사건에 대해 사장님께 말했나요?   – 네 그에게 그것에 대해 말했어요.

4. 비교 (2)

명사와 동사의 비교는 의미상 양적 비교가 된다. 형용사와 부사의 우등비교의 경우에는 plus 를 '쁠뤼' 로 발음하는 반면, 명사와 동사의 비교에서는 plus의 [s]를 발음하여 '쁠뤼스' 가 된다.

(1) 명사 비교

　1) plus de + 명사 더 많은 ~

　　• Je gagne plus d'argent que Grégoire. 나는 그레그와르보다 돈을 더 많이 번다.
　　　쥬 간느 쁠뤼스 다흐정   끄 그헤구와흐

　2) moins de + 명사 덜 많은

　　• Il visite moins d'exposition que Xavier. 그는 자비에보다 전시회를 덜 방문한다.
　　　일 비짓뜨 무웽   덱쓰뻬히엉쓰   끄   자비예

　3) autant de + 명사 ~만큼의

　　• Vous voyez autant de films que moi. 당신은 나만큼 영화를 보시는 군요.
　　　부 부와이예 오떵 드 필므 끄 무와

(2) 동사비교

　1) 동사 + plus

　　• Je travaille plus que lui. 나는 그보다 일을 더 많이 한다.
　　　쥬 트하바이 쁠뤼스 끄 뤼

　2) 동사 + moins

　　• Elle rit moins que sa soeur. 그녀는 동생보다 덜 웃는다.
　　　엘 히 무엥 끄 싸 쐐흐

　3) 동사 + autant

　　• Il mange autant qu'avant. 그는 전처럼 먹는다.
　　　일 멍쥬 오떵   까벙

Mme KOA : Allô? 여보세요?
알로

Allô? Bonjour. Je voudrais parler à M. BLANC.
알로 봉쥬흐 쥬 부드헤 빠흘레 아 무씨유 블렁

안녕하세요. 블렁씨와 통화하고 싶은데요.

M. BLANC : C'est moi. 전데요.
쎄 무와

Mme KOA : C'est Anna KOA à l'appareil. 저는 안나 고아라고 합니다.
쎄 안나 꼬아 아 라빠헤이

– Allô, vous pouvez me passer M. Alain Hardy, s.v.p. ? 알렝 아흐디씨 좀 바꿔주실래요?
알로 부 뿌베 므 빠쎄 므쒸유 알렝 아흐디 씰부쁠레

– C'est de la part de qui ? 누구시죠 ?
쎄 들 라 빠흐 드 끼

– C'est de la part de M. KIM. 김이라고 하는데요.
쎄 들 라 빠흐 드 무씨유 킴

– Ne quittez pas. Je vous le passe. 끊지말고 기다리세요. 바꿔드릴께요.
느 낏떼 빠 쥬 부 르 빠쓰

– Sa ligne est occupée. Vous patientez ou vous rappelez plus tard ?
싸 린뉴 에 또뀝뻬 부 빠씨엉떼 우 부 하쁠레 쁠뤼 따흐

통화중이신데요. 기다리시겠어요? 아니면 나중에 다시 전화하시겠어요?

– Allô, Yannick est là ? 야닉 있어요?
알로 야닉 에 라

– Il n'est pas là. Il vient de soirtir. 없는데요, 방금 나갔어요.
일 네 빠 라 일 비엥 드 소흐띠흐

– Vous voulez laisser un message ? 메시지 남겨놓을래요?
부 불레 렛쎄 엥 메쌰쥬

– Non, ça va. Je le rappelle plus tard. 아니예요. 괜찮아요. 전화 다시 걸께요.
농 싸바 쥬 르 하뻴 쁠뤼 따흐

– Allô, C'est bien chez Anne ? 여보세요. 안느네 집인가요?
알로 쎄 비엥 쉐 안

– Non, Vous vous êtes trompé de numéro. 아니예요, 번호가 틀리셨네요.
농 부 부 젯 트홍뻬 드 뉘메호

– Oh! Excusez-moi. 아! 죄송합니다.
오 엑스뀌제 무와

연 습 해 보 기 

I. 다음을 복합과거로 만들고 의미를 생각해 보세요

(1) J' _______________ un billet d'avion pour aller à Paris. (réserver)

(2) Vous _______________ Internet ? (consulter)

(3) Il _______________ le courrier. (ouvrir)

(4) Ce matin nous _______________ pour aller à la fac. (courir)

(5) Les enfants _______________ jusqu'à midi. (dormir)

II. 다음 문장을 과거 시제로 완성해서 들어보세요. 🎧

(1) Alors vous _______________ une bonne soirée ? (passer)

(2) Excellente. Nous _______________ et au dessert, on _______________ du champagne. (dîner / boire)

(3) Natalie _______________ ses bougies. (souffler)

(4) Elle _______________ ses cadeaux. (recevoir)

(5) Qu'est-ce qu'elle _______________ comme cadeaux? (avoir)

(6) – Un DVD, une jupe et un pull

III. 다음 각각의 대화를 완성해보세요.

(1) Je voudrais _______________ à Vincent, s.v.p.

(2) Il n'est pas là. C'est de _______________ ?
    - C'est Manon.

(3) Vous _______________ un message ?

(4) Non, ça va. Je le ra _______________

IV. Marine의 오늘 하루를 이야기해보세요.

À 9 heures	à midi	à 13 heures	à 8 heures

_______________ _______________ _______________ _______________

16 Ici, il fait très froid en hiver.

Suzanne : Il fait froid, c'est très dur, aujourd'hui !
일 풰 프후아 쎄 트헤 뒤흐 오쥬흐뒤

Jean : Oui, ici il fait très froid en hiver, il fait − 20 degrés.
위 이씨일 풰 트헤 프후아 어니베흐 일 풰 무엥 벵 드그헤

Suzanne : Il pleut souvent en été ?
일 쁠뤼 쑤벙 어네떼

Jean : Oui, mais au printemps et en automne il fait beau.
위 메 오 프헹떵 에 어노똔느 일 풰 보

Suzanne : En été ? Il fait chaud ?
어네떼 일 풰 쇼

Jean : Oui, il fait 40 degrés mais le paysage est très joli.
위 일 풰 까헝뜨 드그헤 메 르 뻬이쟈쥬 에 트헤 졸리

---

16. 여긴 겨울에는 아주 추워요.

쉬잔 : 날씨가 추워요, 오늘 정말 혹독한 추위네요.

장 : 네, 여긴 겨울엔 아주 추워요. 영하 20° 지요.

쉬잔 : 여름엔 비가 자주 오나요?

장 : 그래요, 하지만 봄과 가을에는 날씨가 좋답니다.

쉬잔 : 여름에는요? 날씨가 더운가요?

장 : 네, 40도예요. 하지만 경치는 아주 예쁘지요

단어와 숙어

ici 여기
이씨

fait v. faire(하다) 동사의 3인칭 단수 형태
훽

très ad. 아주
트헤

froid a. 추운
프후아

en …에, …에서
엉

hiver n.m. 겨울
이베흐

dur(e) a. 굳은, 힘드는, 혹독한
뒤흐

aujourd'hui n.m. / ad. 오늘
오쥬흐디

moins ad. …보다 적게 / 영하
무엥

20 n.m. vingt
벵

degré n.m. 단계, 정도, 온도
드그헤

pleut v. pleuvoir(비오다)의 3인칭 단수형태
쁠뢰

souvent ad. 자주
쑤벙

au (à+le)…에는
오

printemps n.m. 봄
프행떵

automne n.m. 가을
오또느

beau(belle) a. 아름다운
보 벨

été n.m. 여름
에떼

chaud a. 더운
쇼

40 n.m. quarante
까헝뜨

joli(e) a. 예쁜
졸리

paysage n.m. 경치, 풍경
뻬이쟈즈

프랑스의 기후

프랑스의 다양성(Diversité)은 해양성기후, 대륙성기후, 산지 기후 등 여러 기후에 의한 것이라고도 볼 수가 있다. 이로 인해 풍부하고 다양한 프랑스의 음식, 다양한 취향을 가진 프랑스인들이 존재하는 것은 아닐까 싶다.

1. Faire 동사(Le verbe faire)

(1) '…하다'의 의미를 가지는 불규칙 동사로, '…하게 하다'의 사역의 뜻으로 사용되기도 한다. 날씨 표현에는 3인칭 단수 형태가 사용된다.

---

faire (…하다) 🎧

je	fais	nous	faisons
tu	fais	vous	faites
il/ elle	fait	ils / elles	font

- Qu'est-ce que tu fais ? 너는 뭐하니 ?
  께쓰 끄 뛰 훼

- Faites venir le médecin. 의사를 불러 오시오.
  펫뜨 브니흐 르 메드쌩

- Il fait beau / mauvais. 날씨가 좋다 / 날씨가 나쁘다.
  일 페 보 모베

(2) faire 동사의 2인칭 복수의 경우 faites인 것에, 또 1인칭 복수의 faisons의 경우 〈fai〉가 [fə]로 발음되는 것에 유의하자.

(3) **faire de** + 운동 (**activité sportive**)

- Nous faisons du tennis. 우리는 테니스를 친다.
  누 프종 뒤 떼니쓰

- Tu fais de la natation. / du ski 너는 수영을 한다 / 스키를 탄다.
  뛰 페 들 라 나따씨옹 뒤 쓰끼

- Le matin, Lucie fait du jogging. 아침마다 뤼시는 조깅을 한다.
  르 마땡 뤼씨 페 뒤 조깅

(4) faire + 집안일(travaux de la maison)

- Je fais le ménage / les courses. 나는 집안일을 한다 / 시장을 본다.
  쥬 페 르 메나쥬 레 꾸흐쓰

- Elles font la vaisselle. 그녀들은 설거지를 한다.
  엘 퐁 라 베쎌

– Mon père fait la cuisine italienne. 나의 아버지는 이탈리아 요리를 한다.
몽 뻬흐 페 라 뀌진느 이딸리엔느

2. 사계절 (Quatre saisons)

; le printemps(봄) / l'été(여름) / l'automne(가을) / l'hiver(겨울)
르 프헹떵 레떼 로똔느 리베흐

– Au printemps, il fait doux. 봄에는 날씨가 따뜻하다.
오 프헹떵 일 페 두

– En été, il pleut souvent. 여름에는 비가 자주 온다.
어네떼 일 쁠뤼 쑤벙

– En automne, il fait frais. 가을에는 날씨가 선선하다.
어노똔느 일 페 프헤

– En hiver, il neige. 겨울에는 눈이 온다.
어니베흐 일 네쥬

3. Il fait chaud (froid) / J'ai chaud (froid)

; 날씨가 춥고 더울 경우는 faire 동사의 3인칭 단수를 사용하지만, 개인이 춥거나 더울 경우는 avoir 동사를 사용하는 것에 유의하자.

– Aujourd'hui, il fait froid ! 오늘 날씨가 춥네요!
오쥬흐디 일 페 프후아

– Oui, il fait froid mais je n'ai pas froid. 네, 날씨가 춥지만 전 춥지 않네요.
위 일 페 프후아 메 쥬 네 빠 프후아

– Moi, j'ai un peu chaud. 전 약간 더운데요.
무아 줴 엉 쀠 쇼

– Attention, c'est chaud, cette assiette. 조심해요, 이 접시, 뜨거워요.
아떵씨용 쎄 쇼 쎗뜨 아씨엣뜨

– Il fait beau. 날씨가 좋다.
일 페 보

– Il fait mauvais. 날씨가 나쁘다.
일 페 모베

– Il fait soleil. / Il y a du soleil. 날씨가 맑다.
일 페 솔레이 일 리 야 뒤 쏠레이

– Il y a du brouillard. 안개가 있다.
일 리야 뒤 브후이야흐

– Il y a un arc-en-ciel. 무지개가 있다.
일리야 어나흐껑씨엘

– Il y a du vent. 바람이 분다.
일리야뒤 벙

– Il fait de l'orage. 뇌우가 인다.
일 페 드 로하쥬

– Il pleut à torrent. 비가 억수같이 온다.
일 쁠뢰 아 또헝

– Il neige. 눈이 온다.
일 네쥬

– Il y a du verglas. 빙판이다.
일 리 야 뒤 베흐글라

– Il fait un froid de canard. 지독한 추위이다.
일 페 엉 프후아 드 까나흐

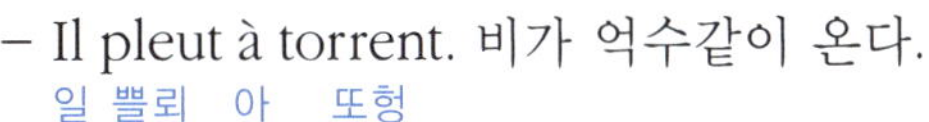

연 습 해 보 기 

Ⅰ. 다음 상황에 맞는 대화를 만들어 봅시다. 🎧

- Aujourd'hui, il ____________ froid et il ____________ du vent !
- Oui, il gèle, il y a du ____________ .
- C'est vrai, il fait presque – 5 degrés.
  Il fait un ____________ de canard.

Ⅱ. 다음 문장을 완성하시오.

1. Je ____________ natation et tu ____________ tennis.
2. Les grenouilles chantent quand il ____________
3. Les feuilles tombent ____________ automne mais elles repoussent ____________
   printemps.
4. Mon père ____________ cuisine et ma mère ____________ vaisselle.
5. Le matin, il joue ________ football. Après, il joue ____________ piano.

Ⅲ. 상대방에게 오늘의 날씨에 대해서, 그리고 무엇을 할 것이지를 faire 동사를 사용
   해서 말해 봅시다.

____

Je suis sorti de chez moi à 6 heures du matin.

Luc : Tu as l'air fatiguée. Qu'est-ce qu'il y a?
뛰 아 레흐 파띠게 께 쓰 낄리야

Nina : Ben⋯ Ce matin je me suis levée à 5 heures et demie.
벵 쓰 마뗑 쥬 므 쒸 르베 아 쌩꿰흐 에 드미

Je me suis préparée vite. Et je suis sortie de chez moi à 6 heures.
쥬 므 쒸 프헤빠헤 빗뜨 에 쥬 쒸 쏘흐띠 드 셰 무와 아 씨 쥐흐

Luc : À 6 heures ? Pourquoi ?
아 씨 쥐흐 뿌흐꾸와

Nina : J'avais une réunion à 8 h et demie. Et toi, ça va ?
쟈베 윈 헤이니용 아 윗뚸흐에 드미 에 뚜와 싸 바

Luc : Moi, le week-end dernier, je suis allé dans ma maison de campagne.
무와 르 위켄 데흐니예 쥬 쒸 잘레 덩 마 메종 드 껑빠뉴

Alors moi aussi je suis faitigué.
알로흐 무와 오씨 쥬 쒸 파띠게

---

17. 아침 6시에 집에서 나왔어요.

뤽 : 피곤해 보이네요. 무슨 일이예요?

니나 : 음⋯ 오늘 아침 5시 30분에 일어났어요.

서둘러서 준비를 하고 아침 6시에 집에서 나왔지요.

뤽 : 6시요? 왜요?

니나 : 오전 8시 30분에 회의가 있었어요. 당신은 어때요?

뤽 : 지난 주말에 시골집에 다녀왔어요. 그래서 나도 피곤해요.

단어와 숙어

avoir l'air + 형용사 ~인 듯 하다.
아부와흐 레흐

air n.m. 공기
에흐

fatigué(e) a. 피곤한
파띠게

passer v. 보내다.
빠쎄

sortir v. 나오다.
쏘흐띠흐

nuit n.m. 밤
뉘

blanc(che) a. 하얀
블렁(슈)

week-end n.m. 주말
위켄

réunion n.f. 회의
헤이뉘용

campagne n.f. 시골
껑빤뉴

se laver v. 씻다.
쓰 라베

sorti(e) sortir (나가다)동사의 과거분사
쏘흐띠

matin n.m. 아침
마뗑

dernier(ère) 지난, 마지막의
데흐니예

moi aussi 나 역시
무와 오씨

maison n.f. 집
메종

se lever v. 일어나다.
쓰 르베

se réveiller v. 깨어나다.
쓰 헤베이예

se préparer v. 준비하다.
쓰 프헤빠헤

demi(e) a. 절반의, 30분
드미

toi tu의 강세형 인칭대명사
뚜와

Métro, Boulot, Dodo (전철, 일, 잠)

"Métro, Boulot, Dodo"라는 표현은 파리지앵들의 반복되는 일상을 의미하는 표현이다. 즉 북적대는 전철을 타고 피곤하게 직장에 나가 늦게까지 일을 하고, 일이 끝나면 집으로 돌아와 그저 잠이나 잔다는 뜻으로 이제는 특정 파리 사람들 뿐 만아니라 사람들의 일상적이고 권태로운 나날을 의미하게 되었다.

– Comment ça va? 어떻게 지내요?
– Ben... Métro, Boulet, Dodo. 응... 전철, 일, 잠이죠(매일 똑같죠 뭐).

1. 복합과거 (2) : être + 동사의 과거분사

(1) 다음의 동사들은 복합과거시 조동사로 être를 사용한다.

- naître 태어나다 Il est né
- aller 가다 Il est allé
- sortir 나가다 Il est sorti
- monter 올라가다 Il est monté
- retourner 지나가다 Il est retourné
- passer 지나가다 Il est passé
- descendre 내려가다 Il est descendu

- mourir 죽다 Il est mort
- venir 오다 Il est venu
- tomber 넘어지다 Il est tombé
- rester 머물다 Il est resté
- partir 떠나다 Il est parti
- entrer 들어가다 Il est entré
- arriver 도착하다 Il est arrivé

(2) être + 과거분사의 복합과거에서는 과거분사를 주어의 성과 수에 일치시켜야 한다.

- Il est allé en France. **Elle** est all**ée** en France. 그는 / 그녀는 프랑스에 갔다.
  일 레 딸레 엉 프헝쓰   엘 레 딸레 엉 프헝스

- **Ils** sont all**és** en France. **Elles** sont all**ées** en France. 그들 / 그녀들은 프랑스에 갔다.
  일 쏭 딸레 엉 프헝쓰   엘 쏭 딸레 엉 프헝쓰

- Il est mort. **Elle** est mor**te**. 그 / 그녀는 죽었다.
  일 레 모흐   엘 레 모흐뜨

(3) 위의 동사들이 목적어를 갖는 타동사로 사용되면 복합과거는 다시 'avoir + 과거분사' 가 되고 이때 과거분사는 주어의 성 · 수에 일치하지 않는다.

- Je **suis rentré** chez moi. J'**ai rentré** ma voiture dans la garage.
  쥬 쒸 헝트헤 셰 무와 줴 헝트헤 마 부와뛰흐 덩 라 갸하쥬
  나는 집에서 돌아왔다.   나는 자동차를 차고에 다시 넣었다.

- Elle **est sorti** de son bureau.   Elle **a sorti** un mouchoir de son sac.
  엘 레 쏘흐띠 드 쏭 뷔호   엘 라 쏘흐띠 엉 무슈와흐 드 쏭 싹
  그는 사무실에서 나왔다.   그는 가방에서 손수건을 꺼냈다.

- Le facteur **est passé**?   Nicola **a passé** ses vacances au Japon.
  르 팍뙤흐 에 빠쎄   니꼴라 아 빠쎄 쎄 바껑쓰 오 쟈뽕
  우체부가 지나갔나?   니꼴라는 일본에서 휴가를 보냈다.

(4) 모든 대명동사는 복합과거에 être를 조동사로 사용한다.

<table>
<tr><td>

je me suis levé(e).
쥬 므 쒸 르베

tu t'es levé(e)
뛰 떼 르베

il s'est levé
일 쎌 르베

elle s'est levée
엘 쎌 르베

</td><td>

nous nous sommes levé(e)s
누 누 썸 르베

vous vous êtes levé(e)(s)
부 부 젯뜰 르베

ils se sont levés
일 쓰 쏭 르베

elles se sont levées
엘 쓰 쏭 르베

</td></tr>
</table>

- Je me suis réveillé à 6 h. 나는 6시에 깨어났다.
  쥬 므 쒸 헤베이예 아 씨줴흐

- Je me suis lavé. 나는 씻었다.
  쥬 므 쒸 라베

- Elle s'est habillée. 그녀는 옷을 입었다.
  엘 쎄 따비예

- Ils se sont dépêchés pour aller au travail. 그들은 출근하기 위해 서둘렀다.
  일 쓰 쏭 데뻿셰 뿌흐 알레 오 트하바이

2. Il y a + 시간 : ~전에

- Je suis allé à Paris il y a un an. 나는 1년전에 파리에 갔었다.
  쥬 쒸 잘레 아 빠히 일리야 에 넝

- Il a déménagé il y a un mois. 그는 한달 전에 이사갔다.
  일 라 데메나줴 일리야 엥 무와

- Elle a allumé la radio il y a une heure. 그녀는 한 시간전에 라디오를 켰다.
  엘 라 알뤼메 라 하디오 일리야 위 뇌흐

3. Qu'est-ce qui s'est passé ? 무슨 일이 있었어요?
  께 쓰 끼 쎄 빠쎄

- La voiture a heurté un arbre. 자동차가 나무를 들이받았어요.
  라 부와뛰흐 아 웨흐떼 에나흐브흐

- Qu'est-ce que vous avez eu ? 무슨 일이 있었어요?
  께 스 끄 부 자베 위

  – Le week-end dernier je suis allé faire du ski. 지난주에 저는 스키 타러 갔어요.
    르 위켄 데흐니예 쥬 쒸 잘레 페흐 뒤 스키

- Je suis tombée. Et voilà je me suis blessée. 나는 넘어져서 다쳤어요.
  쥬 쒸 똥베 에 부알라 쥬 므 쒸 블레쎄

I. 복합과거로 만들어 문장을 완성해 보세요.

(1) Je (sortir) ______________ ce matin à 8 heures.

(2) Nous (arriver) ______________ au bureau à 5 heures.

(3) vous (rester) ______________ combien de temps à Paris ?

(4) Lucie (aller) ______________ au cinéma avec Laurent.

II. 다음 대화를 완성해 보세요.

Qu'est-ce qui s'est passé ?

(1) Je ______________
(rencontrer)

(2) Il ______________
(tomber)

(3) La voiture
____
(avoir)

(4) Il ______________
(sortir)

III. Sébastien은 약국을 찾고 있습니다. 지나가던 사람이 자세히 가르쳐줍니다. 그의 지시대로 약국을 찾아 봅시다.

Vous allez ____

____

Martin :	Je viens pour l'inscription à la natation. 쥬 비엥 뿌흐 랭스크힙씨옹 아 라 나따시옹
L'employée :	Oui,　pour quel jour? Quelle heure? Avec quel professeur ? 위 뿌흐 껠 쥬흐 껠 뤠흐 아베끄 껠 프호페쒜흐
Martin :	Le mardi, à 9 h. avec monsieur Desclés. 르 마흐디 아 네붸흐 아베끄 무씨유 데끌레
L'employée :	Vous pouvez épeler votre nom ? 부 뿌베 에쁠레 보트흐 농
Martin :	Martin, M A R T I N. 마흐땅 엠아에흐떼이엔
L'employée :	Et votre courriel, S.V.P. ? 에 보트흐 꾸히엘 씰부쁠레
Martin :	Le mail, c'est MARTIN-CIEL @ yahoo.fr. 르 메일 쎄 마흐땅 띠헤씨엘엠아에흐떼이엔띠헤쎄이으엘 아로바즈 야우 뿌엥 에프에흐
L'employée :	Merci, Le cours commence le 1er septembre. 메흐씨 르 꾸흐 꼬멍스 르 프허미에 쎕떵브흐

18. 스포츠 클럽에서

마르땅 – 수영강좌 신청하러 왔어요.

직원 – 네, 무슨 요일에, 몇 시에, 어떤 선생님의 강의인가요?

마르땅 – 화요일 9시에 데끌레 선생님 수업입니다.

직원 – 이름의 철자를 말해줄래요? / 마르땅, 엠아에흐떼이엔입니다.

직원 – 이메일 주소는요? / 마르땅 – 메일은 MARTIN-CIEL@yahoo.fr입니다.

직원 – 고마워요, 강좌는 9월 1일 시작합니다.

단어와 숙어

viens v. venir(돌아오다)의 1인칭
비엥   단수형태

pour …를 위해서
뿌흐

cours n.m. 수업, 강의
꾸흐

quel(s) / quelle(s) 무슨, 어떤
껠   껠

jour n.m. 날, 요일
쥬흐

heure n.f. 시간, 시
웨흐

avec … 와 같이
아베끄

professeur n.m. 선생님, 교수님
프호페쒜흐

employé(e) n. 직원
엉쁠루와이예

natation n.f. 수영
나따씨용

inscription n.f. 등록
엥스크립씨용

mardi n.m. 화요일
마흐디

9 n.m. neuf
뇌프

épeler v. 철자를 말하다.
에쁠레

courriel n.m. 메일
꾸히엘

tiret n.m. 줄표(-), 연결표
띠헤

CIEL ciel(하늘)을 대문자(en majuscule)로
씨엘   엉   마쥐스뀔

M 대문자로 (en majuscule)
엠   엉   마쥐스뀔

m 소문자로 (en minuscule)
엠   엉   미니스뀔

@ n.f. 기호 활자(ar(r)obase)
아호바즈

commence v. commencer(시작하다)
꺼멍스   동사의 1, 3인칭 단수형태

1er premier(ère)첫 번째의
프흐미에(흐)

septembre n.m. 9월
쎕떵브흐

방학

프랑스 초·중고등 학교의 개학(rentée)은 보통 9월 초에 시작되지만, 대학교의 개강은 10월 5일에서 20일 사이에 시작된다. 10월 말에 만성절(Toussaint) 방학이 열흘동안 있는데, 대학생들은 이때가 시험기간이다. 크리스마스(Noël)와 부활절(Pâques) 방학은 각각 2주씩이다. 대학교(université)의 경우는 5월 말에서 6월 초에, 초·중·고등학교(école primaire / collège / lycée)의 경우는 6월 말에 여름 방학(vacances)을 하며, 프랑스인들은 이 기간을 여유롭고 즐겁게 지낸다.

문법 따라잡기

1. venir 동사(Le verbe venir)

venir (오다)			
je	viens	nous	venons
tu	viens	vous	venez
il / elle	vient	ils / elles	viennent

(1) '오다'의 의미를 가지는 불규칙동사로 '…로부터'라는 뜻의 'D'où'와 함께, 오는 장소나 출신지를 묻는 의문문을 만든다.

- D'où venez-vous ? 어디서 오시는 겁니까?, 어디 출신인가요?
  두 브네 부

(2) venir de(…에서 오다.) : de + 수도명 / 여성형 국가명

　　　　　　　　　　　　　　　 du + 남성형 국가 명사

　　　　　　　　　　　　　　　 d' + 모음으로 시작되는 국가명

　　　　　　　　　　　　　　　 des + 복수형 국가명

- Elle vient de Paris / de Séoul / de Montréal / de Londres / de Rome
  엘 비엉 드 빠히 드 쎄울 드 몽헤알 드 롱드흐 드 홈
  그녀는 파리에서 / 서울에서 / 몬트리올에서 런던에서 / 로마에서 왔다.

- Nous venons de France / de Corée / de Grèce / de Suisse
  누 브농 드 프헝쓰 드 꼬헤 드 그헤쓰 드 쒸쓰
  우리는 프랑스에서/한국에서/그리스에서/스위스에서 왔어요.

- Vous venez du Japon / du Brésil / du Canada / du Pérou / du Mexique
  부 브네 뒤 쟈뽕 뒤 브헤질 뒤 까나다 뒤 뻬후 뒤 멕씨끄
  당신은 일본에서/브라질에서/카나다에서/페루에서/멕시코에서 오셨군요.

- Elles viennent d'Italie / d'Allemagne / d'Angleterre / d'Iran / d'Espagne
  엘 비엔느 디딸리 달르만뉴 덩글르떼흐 디헝 데쓰빤뉴
  그녀는 이탈리아에서/독일에서/영국에서/이란에서/스페인에서 왔어요.

- Je viens des États-Unis / des Pays-Bas / des Philippines
  쥬 비엥 데 제따 쥐니 데 뻬이 바 데 필리핀느
  나는 미국에서/네덜란드에서/필리핀에서 왔어요.

(3) avec moi나 avec nous와 함께 쓰일 경우 'venir'가 'aller'를 대신한다.

　– Tu <u>viens avec moi</u> ? 너 나랑 같이 갈래?
　　뛰　비엥　아베끄 무아

(4) venir de + 동사원형 : 근접 과거(Passé récent)로 가까운 과거를 나타낸다.

　– Il vient de sortir. 그는 조금 전에 나갔다.
　　일 비엥　드 소흐띠흐

　: Il est sorti il y a quelques minute. 몇분 전에 나갔다.
　　일 에 쏘흐띠 일리야　　껠끄　　　미뉘드

2. 의문 형용사　(L'adjectif interrogatif)

	남　　성	여　　성
단 수	quel	quelle
복 수	quels	quelles

3. e-mail

전자우편은 e-mail 혹은 mél로 보통 쓰이며 courrier électronique로 쓰기도 한다.

– Et le mél, s'il vous plaît? = Vous avez le mél, S.V.P.? 메일 주소 좀 알려주세요?
　에 르 멜　 씰 부　 쁠레?　　부　자베 르 멜 씰부쁠레

– c'est le bertrant33@sorbonne.fr 메일은 bertrant33@sorbonne.fr예요.
　쎄　　르 베흐트헝 트헝뜨트후아 뚜따따쉐 아호바즈 소흐본느 뿌엥 에프에흐

■ Adresse électronique

@ : 기호활자 (ar(r)obase)　　　　　• : 점 (point)
　　아호바즈　　　　　　　　　　　　　뿌엥

– : 줄표 (tiret)　　　　　　　　　tout attaché : 모두 붙여서
　　띠헤　　　　　　　　　　　　　뚜　따따셰

en minuscule : 소문자로　　　　en majuscule : 대문자로
엉　미니스뀔　　　　　　　　　엉　마쥐스뀔

Quelle est la date aujourd'hui ? = On est le combien ? 오늘이 몇 일입니까?
껠 에 라 다뜨 오쥬흐디   오 네 르 꽁비엥

– Nous sommes le premier novembre. 11월 1일입니다.
누 썸 르 프흐미예 노벙브흐

– On est le treize mars. 3월 13입니다.
오 네 르 트헤즈 마흐쓰

■ 날짜 앞에는 정관사 '**le**'를 사용한다. 그리고 **매달 1일**인 경우만 **서수**를 사용하고, 나머지 날들은 기수를 사용하는 것에 유의하자.

　: le 1er mai (5월 1일) / le 13 février (2월 13일)
　르 프흐미예 메　　　　르 트헤즈 페브히예

🎧 Les mois(달)
레 무아

　: janvier (1월) / février (2월) / mars(3월) / avril(4월)
　정비예　　　　페브히예　　　마흐쓰　　　아브힐

　mai(5월) / juin(6월) / juillet(7월) / août(8월) / septembre(9월)
　메　　　쥐엥　　　쥐이에　　　우(뜨)　　　쎕떵브흐

　octobre(10월) / novembre(11월) / décembre(12월)
　옥또브흐　　　　노벙브흐　　　　데썽브흐

■ 달 앞에는 'en'이나 'au mois de'가 붙는다.

　; en septembre (9월에는) / au mois de décembre (12월에)
　엉　쎕떵브흐　　　　　　오 무아　드 데썽브흐

■ 연도 앞에는 'en'이 오고, 세기 앞에는 'au'가 온다.

　; en 2007 (2007년에) / en 1789 (1789년에) / au 18e siècle (18세기에)
　엉 되 밀 쎗뜨　　　엉 밀쎗뜨썽까트흐벵뉘프　오 디즈윗띠엠므　씨에끌

연 습 해 보 기

I. 다음 상황에 맞는 대화를 만들어 봅시다. 🎧

- Nous ____________ pour le cours de français.
- Oui, ____________ heure ? Avec ____________ professeur ?
- ____________ jeudi, à 11 h. Dans ____________ salle ?
- 105. Le cours commence ____________ 4 octobre.
- Merci beaucoup ! Au revoir !
- ____________ . Au revoir !

II. 다음 철자를 하나씩 읽으며 문장을 만들어 보시오.

1. C1BB ____________
2. LMHV ____________
3. 7ALN ____________
4. MAA1BB ____________

III. 다음의 문장을 완성하거나 답하시오.

1. Vous avez ____________ ? – Oui, il est 6 h.
2. Vous ____________ s.v.p. ? – S U Z A N N E
3. Je suis en retard ! – Non, au contraire, tu es ________
4. À ________ heure déjeunez-vous ?
5. Il est ____________ de coucher les enfants.

> en avance 이른
> en retard 지각인
> à heure 정각인
> Il est heure de ~할 시간이다.

Vendeuse :	Bonjour mademoiselle. Est-ce que je peux vous renseigner ?
Sophie :	Je voudrais voir la jupe orange dans la vitrine.
Vendeuse :	Quelle est votre taille ? 38?
Sophie :	Oui. du 38. Je peux essayer ?
Vendeuse :	Bien sûr. La cabine est au fond à gauche. Alors ? Ça vous va ?
Sophie :	Je pourrais essayer la même dans une plus grande taille ? Hum… C'est mieux. Ça me plaît. Ça coûte combien ?
Vendeuse :	25 euros. mademoiselle.

19. 이건 얼마인가요?

점원 : 안녕하세요? 도와드릴까요?

소피 : 진열장에 있는 오렌지색 치마 좀 보고 싶은데요.

점원 : 사이즈가 어떻게 되시죠? 38인가요?

소피 : 네, 38이예요. 입어봐도 돼요?

점원 : 물론이죠. 탈의실은 왼쪽 구석에 있어요.
　　　어떠세요? 잘 어울리시나요?

소피 : 좀 더 큰 사이즈로 입어봐도 돼요? 음… 이게 더 낫네요. 마음에 들어요. 얼마지요?

점원 : 25 유로입니다, 아가씨.

 ## 단어와 숙어 

voudrais v. vouloir(원하다) 동사의 조건법
부드헤　　　　　현재 예의바른 표현

taille n.f. 치수
따이으

jupe n.f. 치마
쥡쁘

orange a. 오렌지색의
오헝쥬

coûter 값이 나가다.
꿋떼

combien 얼마
꽁삐옝

renseigner 정보를 주다.
헝쎈녀

essayer v. 입어보다, 시도하다.
에쎄이예

mieux 더 잘 / 더 나은
미외

alors 그래서, 그러면
알로흐

vingt cinq n.m. 25
뱅　쌩끄

cabine n.f. 탈의실(=cabine d'essage)
꺄빈

plaît v. plair(맘에 들다) 동사의 3인칭 단수
형태
쁠레

vitrine n.f. 진열장
비트힌

au fond 구석에
오　퐁

trente-huit n.m. 38
뜨헝뜨 윗뜨

vendeur(euse) n. 정원
벙되흐(되즈)

[재료] en coton　en cuir　en laine　en soie　en velour　en lin
　　　　엉 꼬또　엉 뀌흐　엉 랜느　엉 쑤와　엉 블루흐　엉 렝
　　　(면으로 / 가죽으로 / 양모로 / 실크로 / 벨벳으로 / 아마로)

프랑스 가게, 백화점들

프랑스에는 에펠탑의 설계자인 귀스타브 에펠(Gustave Eiffel)이 설계한 오 봉 마르셰(Au Bon Marché)라는 프랑스 최초의 백화점을 비롯하여 프랭땅(Le Printemps), 라파이예뜨(La Fayette), 사마리뗀느(Samaritaine) 등의 백화점이 있다. 대부분 도심에 위치한 백화점들은 다른 곳에 비해 가격이 비싸지만 1월과 7월에 하는 대 바겐세일(Les Soldes) 기간을 이용하면 저렴한 가격에 다양하고 좋은 물건을 구입할 수 있다.

프랑스인들의 검소한 소비생활을 단적으로 보여주는 곳은 벼룩시장 (Le Marché aux Puces)이다. 이곳에서는 부르는 값 그대로 물건을 사서는 절대 안되고 최대한 값을 깎아야 한다. 가장 규모가 큰 벼룩 시장은 4호선 종착역인 포흐뜨 드 끌리냥꾸흐(Porte de Clignancourt)에 있는 쌩 뚜엥(Saint - Ouen)벼룩시장이다.

동네 곳곳에 있는 아랍가게들은 가격이 비싸고 물건도 한정되어 있지만 밤 늦게까지 영업을 한다.

문법 따라잡기 

1. coûter 동사 (Le verbe coûter) 

coûter (값이 나가다)

Ça coûte   ils / elles coûtent

2. plaire 동사 (Le verbe plaire)

plaire 동사(〜의 맘에 들다)

je	plais	nous	plaisons
tu	plais	vous	plaisez
il / elle	plaît	ils / elles	plaisent

- Je plais à Yannick ? 내가 뽈의 마음에 들까?
  쥬 쁠레 아 야닉

- Pierre me plaît. 삐에르는 내 맘에 들어.
  삐에흐 므 쁠레

3. 비교(3)

> - bien − mieux
> - bon − meilleur, bonne − meilleure, bons − meilleurs, bonnes− meilleures

bon은 형용사이므로 비교급에서도 성·수의 일치를 해야한다.

bien은 부사이므로 비교급에서도 주어의 성·수에 따른 변화가 없다.

- Le café noir est meilleur que le café crème. 블랙커피가 크림커피보다 더 좋네요.
  르 까페 누와흐 에 메이예흐 끄 르 까페 크헴
- Cette année les résultats de Paul sont meilleurs que l'année dernière.
  쎗 딴네 레 헤쥘따 드 뽈 쏭 메이예흐 끄 라네 데흐니예흐

올해 뽈의 결과가 지난해 보다 더 좋습니다.

- J'ai changé de lunettes. Je vois mieux. 안경을 바꾸었어요. 더 잘 보이네요.
  줴 셩줴 드 뤼넷뜨 쥬 부와 미외
- Marie parle mieux que Jean. 마리가 쟝보다 말을 더 잘해요.
  마히 빠흘르 미예 끄 정

옷 사이즈 말하기

- Quelle est votre taille ? / Quelle taille faites-vous ? 사이즈가 어떻게 되세요?
  껠 레 보트흐 따이으 껠 따이 펫뜨 부

- Je fais du 36 / 40. 사이즈가 36/40입니다.
  쥬 페 뒤 트헝뜨 씨스 / 까헝뜨

- Je voudrais une taille au dessus. / une taille en dessous. 윗치수/ 아래치수로 주세요.
  쥬 부 드헤 윈느 따이으 오 드쒸 윈 따이 엉 드쑤

une taille plus grande / plus petite / plus large / plus serrée / plus courte
윈느 따이으 쁠뤼 그헝드 쁠리 쁫띠뜨 쁠리 라흐쥬 쁠리 쎄헤 / 쁠리 꾸흐뜨
(좀 더 큰 / 좀 더 작은 / 좀 더 넓은 / 좀 더 끼는 / 좀 더 짧은)

발 사이즈 말하기

- Quelle pointure faites-vous ? / Quelle est votre pointure ? 발사이즈가 어떻게 되세요?
  껠 뿌엥뛰흐 펫뜨 부 껠 에 보트흐 뿌엥뛰흐

- Je me chausse du 38. 38을 신습니다.
  쥬 므 쇼쓰 뒤 트헝트윗뜨

옷 Vêtement 🎧

une veste 웃옷

un blouson 잠바

un manteau 외투

un imperméable 비옷

un pantalon 바지

un tailleur 정장

une robe 원피스

une chemise 와이셔츠

un chemisier 블라우스

un anorak 파카

un pull 스웨터

un tee-shirt 티셔츠

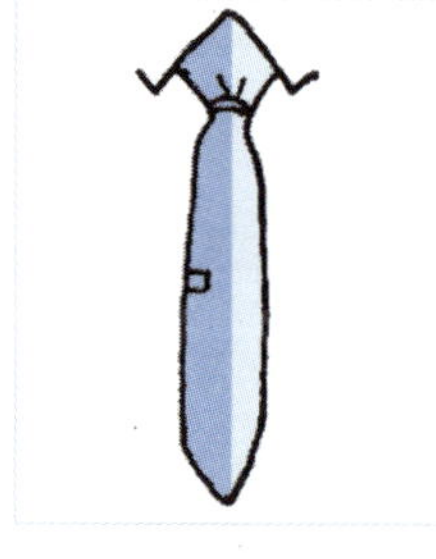

une cravate 넥타이

un tablier 앞치마

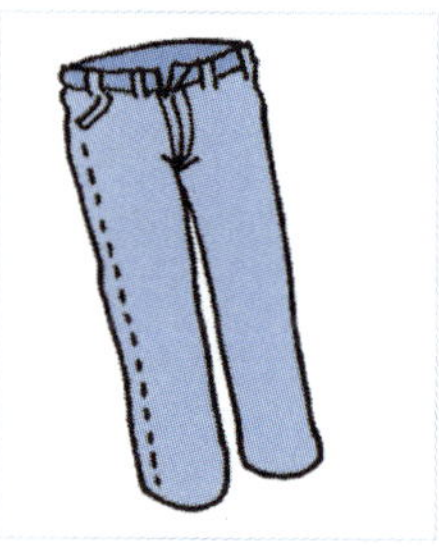

un jean 청바지

une jupe 치마

연습해보기

I. 가게 직원과 손님과의 대화를 듣고 다음 문장들을 완성해 보세요. 🎧

(1) Ce jean, ça ________ combien ?

(2) Ça coûte 80 euros. C'est __________.

(3) C'est ________ !

(4) C'est ___________ pour cet article.

II. 아래에 제시된 제안과 초대에 대해, 응하거나 거절해 보세요.

(1) Je vous invite chez moi demain.

(2) Vous voulez un café ?

(3) On sort ?

III. aimer 동사와 plaîre 동사를 사용하여 같은 의미의 다른 표현으로 바꾸어 보세요.

(1) J'aime Pierre. → Pierre ________ __________

(2) Ça me plaît → J' ___________ ça.

(3) Tu m'aimes ? → ________ __________ plaît ?

IV. 다음 문장들을 비교급으로 표현해 보세요.

(1) Maria chante bien ? – Laura chante ___________

(2) Le café français est bon. – Le café anglais est ___________

(3) Paul travaille ___________ que Jean.

(4) Je gagne ___________ que lui.

(5) Sa cuisine est ___________ que ça.

Luc :	Qu'est ce que tu fais ce week-end?
	께스 끄 뛰 풰 쓰 위갠드
Françoise :	Je ne sais pas… Pourquoi pas fêter notre réussite aux examens ?
	쥬 느 쎄 빠 뿌흐꾸아 빠 풰떼 노트흐 헤위씨뜨 오 제그자멩
Luc :	C'est super ! On fait la fête où ? Chez moi ?
	쎄 쒸페흐 옹 풰 라 풰뜨 우 셰 무아
Françoise :	Mais non, c'est trop petit… Nous allons partir en
	메 농 쎄 트호 쁘띠 누 잘롱 빠흐띠흐 엉
	vancances à Saint-Malo ? C'est calme et beau.
	바껑스 아 쌩 말로 쎄 깔므 에 보
Luc :	C'est une très bonne idée !
	쎄 뛴느 트헤 보 니데
Françoise :	Nous allons manger des crêpes et des fruits de mer frais.
	누 잘롱 멍줴 데 크헵 에 데 프뤼 드 메흐 프헤

20. 우린 곧 휴가를 떠날 거예요.

뤽 : 이번 주말에 뭐 할거니?

프랑수아즈 : 모르겠어… 우리 시험에 패스한 거 파티할까?

뤽 : 멋져! 우리 어디서 파티를 하지? 우리 집에서 할까?

프랑수아즈 : 아냐! 너무 좁잖아… 우리 생 말로로 휴가 떠날까? 조용하고 아름답잖아!

뤽 : 정말 좋은 생각이야!

프랑수아즈 : 크레프와 아주 신선한 해산물을 먹으러 가자.

qu'est-ce que 무엇
께쓰끄

fais v. faire(하다)동사의
페   2인칭 단수 형태

ce(cette) 이, 그, 저
쓰(쎗뜨)

week end n.m. 주말
위깬드

sais v. savoir(알다)의 1인칭
쎄   단수형태

fêter v. 경축하다, 파티를 열다
페떼

notre 우리들의
노트흐

réussite n.f. 성공
헤위씨뜨

aux(à+les)
오

examen 시험
에그자멩

super a. 멋진
쉬페흐

fête n.f. 축제, 경축, 파티
펫뜨

où 어디
우

chez …의 집에
셰

partir v. 떠나다.
빠흐띠흐

vacances n.f. 휴가, 방학
바껑쓰

calme a. 고요한
깔므

idée n.f. 생각
이데

manger v. 먹다.
멍줴

crêpe n. f. 크레프
크헵

fruit de mer 해산물
프휘 드 메흐

frais(fraîche) a. 신선한
프헤 프헤쉬

프랑스 요리

- 프랑스의 음식(La cuisine française)에서 프랑스의 다양성(Diversité)을 엿볼 수 있다. 지방별 요리를 살펴보면 다음과 같다.
- 브르타뉴(Bretagne) : 크레프 (Crêpe)
- 마르세이유(Marseille) : 부이야베쓰(Bouillabaisse)
- 사부아(Savoie) : 퐁뒤(Fondue)
- 부르고뉴(Bourgogne) : 달팽이(Escargot)
- 뚤루즈(Toulouse) : 까술레(Cassoulet)
- 알자스(Alsace) : 슈크루트(Choucroute)

문법 따라잡기 

1. savoir 동사 (Le verbe savoir)

; '알다' 의 의미를 가지는 동사로 불규칙동사이다.

savoir (알다)

je	sais	nous	savons
tu	sais	vous	savez
il / elle	sait	ils / elles	savent

2. 소유 형용사 (Les adjectifs possessifs)

1인칭단수 (나의)	2인칭단수 (너의/당신의)	3인칭단수 (그의/그녀의)	1인칭복수 (우리의)	2인칭복수 (너희들(당신)(들)의)	3인칭복수 (그(그녀)들의)
mon père	ton père	son père	notre père	votre père	leur père
ma mère	ta mère	sa mère	notre mère	votre mère	leur mère
mes parents	tes parents	ses parents	nos parents	vos parents	leurs parents

(1) 소유형용사는 주어의 인칭에 따라 변하며, 소유대상 명사의 성·수에 일치한다.

  ; mon père (나의 아버지) / ta mère (너의 어머니) / ses parents (그의 부모)
     몽　뻬흐　　　　　　따 메흐　　　　　　　쎄　빠헝

(2) ma / ta / sa는 모음이나 무음 h 앞에서 mon / ton / son으로 바뀐다.
    마 따 싸　　　　　　　　　　몽　똥　쏭
  ; mon amie(내 친구) / ton automobile(너의 자동차) / son histoire(그의 이야기)
    모나미　　　　　　또　노또모빌　　　　　　　쏭　니쓰뚜아흐

3. 강세형 대명사(les pronoms toniques)

moi (je)	nous (nous)
toi (tu)	vous (vous)
lui / elle (il / elle)	eux / elles (ils / elles)

(1) 명사나 대명사를 강조할 때 사용된다.

- **Moi**, j'aime le rouge. 나는 붉은 색을 좋아한다.
  무아　젬　르 후즈

(2) 강세형 대명사는 **C'est** 다음에 쓰인다.

- C'est **lui** ／ C'est **moi** ／ Ce sont **elles**. 그 사람이야 ／ 나야 ／ 그녀들이야.
  쎄 뤼　쎄 무아　쓰 쏭 뗄

(3) et 와 ni 다음에는 강세형 대명사가 사용된다.

- Je vais bien. Et **toi** ? 난 잘 지내. 너는?
  쥬 베 비엥 에 뚜아
- Ni **lui** ni **elle** ne parle chinois. 그도 그녀도 중국어를 못한다.
  니 뤼 니 엘 느 빠흘르 쉬누아

(4) 전치사 다음에 강세형 대명사가 사용된다.

- Je travaille avec **toi** ／ chez **lui**. 나는 너와 같이 ／ 그의 집에서 일한다.
  쥬 트하바이으 아베끄 뚜아　셰 뤼

4. 근접 미래 (Le futur proche)

(1) aller + 동사원형 : 곧 …할 것이다.
- Nous avons faim ; nous allons manger. 우리는 배가 고프다. 곧 먹을 것이다.
  누 쟈봉 펭　누 알롱 멍줴
- J'ai sommeil ; je vais dormir. 나는 졸린다. 나는 곧 잘 것이다.
  줴 쏘메이　쥬 베 도흐미흐
- Il a soif ; Il va boire. 그는 목이 마르다. 그는 곧 마실 것이다.
  일 라 쑤와프 일 바 부아흐

(2) 충고 ; 경고의 의미로도 사용된다.
Attention ! Tu vas tomber ! (조심해! 넘어지겠어!)
  아떵씨용 뛰 바 똥베

◎ 강세형 인칭대명사와 소유형용사를 생각하면서 다음 시를 감상해봅시다. 🎧

Pour toi mon amour (너를 위한 내 사랑)

– Jacques Prévert –

(자크 프레베르)

Je suis allé au marché aux oiseaux	나는 새 시장에 갔다네
J'ai acheté des oiseaux	나는 새를 샀지.
Pour toi mon amour	너를 위한 내 사랑
Je suis allé au marché aux fleurs	나는 꽃시장이 갔다네.
J'ai acheté des fleurs	나는 꽃들은 샀지.
Pour toi mon amour	너를 위한 내 사랑
Je suis allé au marché à la ferraille	나는 고철 시장에 갔다네.
J'ai acheté des chaînes	나는 사슬을 샀지,
De lourdes chaînes	무거운 사슬은.
Pour toi mon amour	너를 위한 내 사랑
Et puis Je suis allé au marché aux esclaves	그리고서 나는 노예시장에 갔다네.
Je t'ai cherchée	나는 너를 찾아보았지만
Je ne t'ai pas trouvée	너는 찾지는 못했지.
mon amour.	내 사랑

연 습 해 보 기

I. 다음 상황에 맞는 대화를 만들어 봅시다.

- Tiens ! Ce sont __________ parents ?
- Non, c'est __________ oncle et __________ tante ils sont avec __________ .
- Tu es très mignon ! __________ .

II. 소유형용사와 강세형 대명사를 이용해서 다음 문장을 완성하시오.

1. Paul aime Sylvie. __________, il aime __________ parfum et __________ .
   silhouette.
2. __________ je te présente __________ mari, Luc et __________ enfants, Marie et Thomas.
3. __________, Ils vont passer __________ premiers examens.
4. Et __________, tu es libre ce soir ? Tu viens avec __________ ?
5. Fais __________ lit et range __________ affaires.

III. 다음의 문장을 근접미래로 바꾸시오.

1. Elle a un bébé. → __________________
2. Tu passes un examen. → __________________
3. Nous allons à la plage. → __________________
4. Vous partez à l'étranger. → __________________
5. Je bois un café sur le port. → __________________

Quand j'étais petit, j'habitais en banlieue de Paris.
껑 제떼 쁘띠 좌빗떼 엉 벙리외드 빠히

J'étais très sage, j'étudiais tous les jours sérieusement.
줴떼 트헤 쌰쥬 줴띠디에 뚤 레 쥬흐 쎄히외즈멍

J'étais le chouchou de mon professeur.
줴떼 르 슈슈 드 몽 프호페쒜흐

Mais je n'avais pas beaucoup d'amis.
메 쥬 나베 빠 보꾸 다미

Pendant les vacances, j'allais chez mes grands-parents à la campagane.
뻥덩 레 바껑스 좔레 셰 메 그헝 빠헝 알라 껑빠뉴

Stéphanie aussi, elle venait chez mes grands-parents pour passer ses
스떼파니 오씨 엘 브네 셰 메 그헝 빠헝 뿌흐 빠쎄 쎄

vacances. Elle regardait la télé et montait à cheval.
바껑스 엘 흐갸흐데 라 뗄레 에 몽떼 아 슈발

Avec elle, je chantais des chansons dans le grenier,
아벡 껠 쥬 셩떼 데 셩쏭 덩 르 그흐니예

on allais pêcher au lac. C'étais rigolo.
오 날레 뻬쉐 오 락 쎄떼 히골로

Mais maintenant, ma vie c'est métro, boulot, dodo.
메 멩뜨넝 마 비 쎄 메트호 불로 도도

21. 내가 어렸을 적에…

내가 어렸을 적에, 나는 파리 교외에서 살았지.

난 아주 얌전하고 매일 열심히 공부했어.

선생님의 귀염둥이였지만 친구는 많지 않았어.

방학동안 시골 조부모님댁에 가곤 했었어.

스테파니도 방학을 보내러 우리 조부모님댁으로 오곤 했지. 그녀는 TV를 보고 말을 타곤 했어.

그녀와 나는 다락방에서 노래를 부르기도 했고,

호수에서 낚시를 하곤 했지. 참 재미있었어.

그러나 지금 내 인생은 '전철, 일, 잠' 이라네(매일 그저 일상이 반복 될 뿐이네.)

🔵 단어와 숙어

habitais habiter (살다) 동
아비떼   사의 반과거형태
banlieue n.f. 변두리, 교외
벙리외
sage a. 얌전한
샤 쥬
rigolo(te) a. 재미있는
히골로(뜨)
campagne n.f. 시골
껑빤뉴
pêcher v. 낚시질하다.
뻿 쎄
grenier n.m. 다락방
그흐니예
grands-parents n.pl. 조부모

그헝　　빠헝
chanson n.f. 노래
성쏭
chouchou n.m. 귀염둥이
슈슈
tous les jours 매일
뚜레쥬흐
chanter v. 노래하다.
성떼
monter v. 올라가다.
몽떼
cheval n.m. 말
슈발
boulot n.m. 일
불로
sérieusement ad. 열심히

셰히외즈멍
passer v. 보내다.
빠쎄
regarder v. 보다.
흐갸흐데
télé n.f. 텔레비전
텔레
lac n.m. 호수
락
métro n.m. 지하철
메트호
dodo n.m. 잠(유아언어)
도도

J'voulais −SULLY SEFIL−

…j'voulais qu' notre vie soit fantastique 나는 우리 삶이 멋지기를 바랬지.

J'voulais t'couvrir de cadeaux, t'offrir c'qu'il y a d'plus beau

나는 네게 선물을 듬뿍주고 더 아름다운 것을 선사하고 싶었어.

J'voulais t'sortir de cette rengaine de merde

나는 너를 이 지긋지긋한 늘 똑같은 얘기에서 벗어나게 하고 싶었어.

métro, boulot, dodo… 전철, 일, 잠 같은 일상에서…

* SULLY SEFIL
프랑스 록가수

문법 따라잡기

반과거 (Imparfait)

반과거는 1인칭 복수 어미 −ons대신, 인칭별로 반과거 어미를 붙여서 만든다.

동사원형	직설법 현재 1인칭 복수 어간 / 어미	인칭별 반과거 어미	반과거
parler	nous parl − ons	je − ais tu − ais il / elle / on − ait nous − ions vous − iez ils / elles − aient	je parlais tu parlais il/ elle/ on parlait nous parlions vous parliez ils / elles parlaient

(1) 반과거는 과거의 상황, 상태, 행동을 묘사할 때 사용한다.

- Quand j'étais petit, j'habitais à Paris. 내가 어렸을 적에, 나는 파리에 살았다.
  껑 줴 떼 쁘띠 좌빗떼 아 빠히

- Quand j'ai vu Marie hier, elle portait une très belle robe rouge.
  껑 줴 뷔 마히 이예흐 엘 뽀흐떼 윈 트헤 벨 호브 후쥬

  어제 마리를 봤을 때, 그녀는 아주 아름다운 빨간 원피스를 입고 있었다.

(2) 과거의 습관은 반과거로 표현한다.

- Quand j'avais 10 ans, je passait mes vacances à la mer.
  껑 좌베 디정 쥬 빠쎄 메 바껑쓰 알라메흐

  내가 열 살이었을 때, 나는 바다에서 휴가를 보내곤 했다.

- Après le dîner, je me promenais.
  아프헤 르 디네 쥬 므 프호므네

  저녁식사후에, 나는 산책을 하곤 했다.

(3) 복합과거와 함께 쓰여 계속되는 진행을 표현할 수 있다.

- Quand elle est entrée chez moi, il dormait.
  껑 뗄 레 떵트헤 셰 무와 일 도흐메

  그녀가 집에 들어갔을 때, 그는 자고있었다.

- Quand le téléphone a sonné, on dînait.
  껑 르 뗄레폰 아 쏘네 옹 디네

  전화벨이 울렸을 때, 우리는 저녁식사를 하고 있었다.

I. 다음은 샹송 **"Les feuilles mortes**(고엽)**"**의 일부입니다. 시제를 생각하며 노래를 들어보세요.

Oh, je voudrais tant que tu te souviennes des jours heureux	오! 나는 당신이 행복했던 나날들을 기억하기를 바랍니다.
Où nous étions amis.	우리들이 서로 사랑했었던 그 날들을.
En ce temps-là la vie était plus belle et le soleil plus brûlant qu'aujourd'hui.	그 땐 인생이 너무도 아름다왔고 태양은 오늘보다 더 불타 올랐지요.
Les feuilles mortes se ramassent à la pelle.	떨어지는 낙엽이 수북하게 모여집니다.
Tu vois, je n'ai pas oublié.	나는 진정 잊을 수 없답니다.
Les feuilles mortes se ramassent à la pelle.	떨어지는 낙엽이 수북하게 모여집니다.
Les souvenirs et les regrets aussi...	추억과 후회도…
Et le vent du Nord les emporte dans la nuit froide de l'oubli.	북풍이 잊혀짐의 차디찬 밤으로 그것들을 가져가 버립니다.
Tu vois, je n'ai pas oublié la chanson que tu me chantais.	나는 당신이 나에게 불러주던 노래를 진정 잊을 수 없답니다.
C'est une chanson qui nous ressemble.	그것은 우리를 닮은 노래이지요.
Toi tu m'aimais et je t'aimais.	당신은 나를 사랑했고, 나는 당신을 사랑했지요.
Nous vivions tous les deux ensemble	우리 둘은 함께 지냈었지요.
Toi qui m'aimais, moi qui t'aimais	당신은 나를 사랑했고, 나는 당신을 사랑했지요.
Mais la vie sépare ceux qui s'aiment tout doucement sans faire de bruit	하지만 삶이라는 것은 서로 사랑하는 사람들을 아주 천천히 소리도 없이 갈라놓습니다.
Et la mer efface sur le sable les pas des amants désunis.	그리고 바다는 모래위에서 헤어진 연인들의 발자국을 지워 버립니다.

II. 주어진 동사들을 반과거로 고쳐 보세요.

(1) Il ne __________ pas de lunettes quand il __________ jeune. (porter/ être)

(2) Quand vous __________ enfant, vous __________ du sport? (être/ pratiquer)

(3) Je suis arrivé à la gare. Il __________ (pleuvoir)

La femme　：　Au voleur ! Au voleur !
오　볼뤠흐　오　볼뤠흐

Le passant　：　Qu'est-ce qu'il y a? Qu'est-ce qui se passe?
께스　낄리야　께스　끼 쓰　빠스

La femme　：　Arrêtez-le ! On m'a volé mon sac, à l'instant. Au voleur !
아헤떼　르　옹　마　볼레　몽　싹　아　랭쓰떵　오　볼레흐

Le passant　：　Allez ! Du calme ! Ne pleurez pas !
알레　뒤　깔므　느　쁠뢰헤　빠

La femme　：　J'ai tout perdu ! Comment je vais faire?
줴　뚜　뻬흐뒤　꼬멍　쥬 베 페흐

Le passant　：　Faites attention au pickpocket, surtout à Paris.
펫드　아떵씨용　오　피끄포껫드　쒸흐뚜 아 빠히

---

22. 도둑이예요! 그 사람을 잡으세요!

여자 : 도둑이야! 도둑이예요!

행인 : 무슨 일이세요? 대체 무슨 일입니까?

여자 : 저 사람 좀 잡아요! 조금 전에 내 가방을 훔쳐갔어요. 도둑이야!

행인 : 자, 진정하세요! 울지 마시구요.

여자 : 모두 다 잃어 버렸어요. 어떻게 하지요?

행인 : 소매치기를 주의해야 해요. 특히 파리에서는요.

voleur(se) n. 도둑
볼뢰흐(볼뢰즈)

arrêtez v. arrêter(잡다, 체포하다)의
아헤떼   2인칭 복수 형태

passant(e) n. 지나가는 사람, 통행인
빠썽(뜨)

qu'est-ce que 무엇
께쓰끄

il y a …가 있다.
일 리 야

se passe v. se passer(일어나다)의
쓰   빠스   3인칭 단수형태

on 사람들은, 우리들은, 우리는
옹

mon 나의
몽

sac n.m. 가방
싹

volé v. voler(훔치다)의 과거 분사 형태
볼레

à l'instant 방금, 곧, 당장
아 랭스떵

calme n.m. 고요, 평정
깔므

Du calme 진정하세요.
뒤   깔므·

pleurez v. pleurer(울다)의 2인칭
쁠뢰헤   복수 형태

tout 모두
뚜

perdu v. perdre(잃다)의 과거
뻬흐뒤   분사 형태

faites v. faire(하다)동사의 2인칭
펫뜨   복수 형태

attention n.f. 조심, 주의
아떵씨용

pickpocket n.m. 소매치기
피끄포껫뜨

surtout ad. 특히
쒸흐뚜

전화 지역번호

- 일드 프랑스(île de France) : 01
- 북서쪽(Nord-ouest) : 02
- 일드 프랑스(Nord-est) : 03
- 일드 프랑스(Sud-est) : 04
- 일드 프랑스(Sud-ouest) : 05

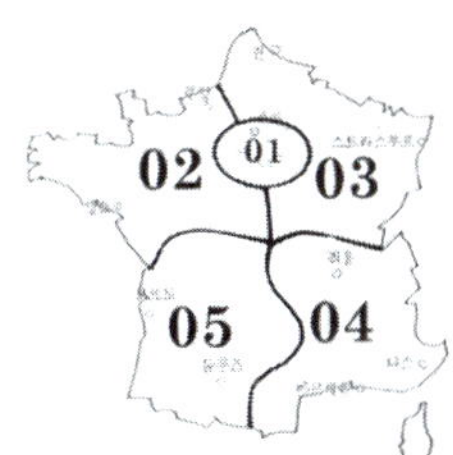

긴급상황시 유용한 전화번호

– Police(경찰) : 17번

– SAMU (긴급의료서비스 : Service d'Aide Médicale Urgence) : 15번

– Pompiers (소방수) : 18번

– Renseignement (안내전화) : 12번

● 문법 따라잡기

1. 명령문(L'impératif)

(1) 명령문의 형태는 직설법 현재의 평서문에서 주어를 생략한다.

- Vous partez à Paris. 당신은 파리로 떠난다.
  부　빠흐떼 아　빠히

  → Partez à Paris ! 파리로 떠나세요!
  빠흐떼 아 빠히

- Tu fais tes devoirs. 너는 네 숙제를 한다.
  뛰　페　떼　드부아흐

  → Fais tes devoirs ! 네 숙제를 해라!
  페　떼　드부아흐

(2) 〈Tu〉에 대한 명령문에서 동사어미가 −es / as의 경우 s를 생략한다. 하지만 그 뒤에 y나 en이 오는 경우에는 −s가 생략되지 않는다.

- Tu ouvres la porte. 너는 문을 연다.
  뛰 우브흐 라 뻐흐뜨

  → Ouvre la porte ! 문을 열어라!
  우브흐　라 뻐흐뜨

- Tu vas à l'école. 너는 학교에 간다.
  뛰 바　아 레꼴

  → Va à l'école ! 학교에 가라!
  바 아 레꼴

  → Vas−y ! 거기에 가라!
  바　지

(3) 특수형태의 명령법 형태

- être 동사 :　Sois / Soyons / Soyes　sage ! 얌전해라 ! / 얌전합시다 ! / 얌전하세요 !
  쑤와　쑤와이용　쑤와이에　샤쥬

- avoir 동사 :　Aie / Ayons / Ayez　du courage ! 용기를 가져라 ! / 용기를 가집시다 !
  아이　에이용　에이에　뒤 꾸라쥬　　/ 용기를 가지세요 !

- savoir 동사 :　Sache / Sachons / Sachez　la vérité ! 진리를 알라 ! / 진리를 압시다 !
  싸슈　싸숑　싸셰　라 베히떼　/ 진리를 아세요 !

(4) 3인칭 명령법 : que + 접속법

— Que personne ne sorte ! 아무도 밖에 나가지 말아라!
　 끄　　삐흐손느　느 쏘흐뜨

2. 복합과거(Le passé composé)

(1) **avoir** + 과거분사
; 성 · 수에 일치하지 않는다.

— Il a parlé à son patron. 그는 사장에게 말했다.
　일 라 빠흘레 아 쏭 빠트홍

— Elle a lu son roman. 그녀는 그의 소설을 읽었다.
　엘 라 뤼 쏭　호멍

— Nous avons passé de bonnes vacances. 우리는 멋진 휴가를 보냈다.
　누　자봉　빠쎄 드 본느　바껑쓰

> ■ 과거분사(**participe passé**)
>
> — 1군 동사 : –er → é
> — 2군 동사 : –ir → i
> — 3군 동사 : avoir → eu / être → été / faire → fait / voir → vu
> 　　　　　　boire → bu / mettre → mis / devoir → dû / lire → lu
> 　　　　　　savoir → su / pouvoir → pu / vouloir → voulu
> 　　　　　　prendre → pris / recevoir → reçu / attendre → attendu

(2) **être** + 과거분사(**participe passé**)
; 왕래발착 동사, 대명동사의 복합과거 형태에 사용되며, 성 · 수에 일치한다.

— Elle est allée à la gare. 그녀는 역으로 갔다.
　엘 레　딸레 알 라 갸흐

— Nous sommes partis pour la France. 우리는 프랑스로 떠났다.
　누　 썸　 빠흐띠 뿌흐 라 프헝쓰

— Elle s'est lavée. 그녀는 씻었다.
　엘 쎄 라베

— Elle s'est lavé les mains. 그녀는 손을 씻었다.
　엘 쎄 라베 레 맹

　(→ 대명동사의 복합과거 형태는 성,수에 일치하지만, 직목이 같이 쓰일 경우 불일치)

◎ 복합 과거를 이용해서 J. Prévert의 「아침식사 : Déjeuner du matin」의 빈 칸을 채운 후 감상해 봅시다. 🎧

Déjeuner du matin (아침 식사)

– Jacques Prévert (자크 프레베르)–

Il _______ le café (mettre)
dans la tasse
il _______ le lait (mettre)
dans la tasse de café
il _______ le sucre (mettre)
dans le café au lait
avec la petite cuillère
il _________ (tourner)
il _______ le café au lait (boire)
et il _________ la tasse (reposer)
sans me parler
il _________ (allumer)
une cigarette
il _______ des ronds (faire)
avec la fumée
il _______ les cendres (mettre)
dans le cendrier
sans me parler
sans me regarder
il _________ (se lever)
il _________ (mettre)
son chapeau sur sa tête
il _________ (mettre)
son manteau de pluie
parce qu'il pleuvait
et il _________ (partir)
sous la pluie
sans une parole
sans me regarder
et moi j'_________ (prendre)
ma tête dans ma main
et j'__________ (pleurer)

I. 다음 상황에 맞는 대화를 만들어 봅시다.

– Hier, qu'est–ce que tu ____________ ?

– Je ____________ le musée du Louvre. Et toi, tu ____________ au cinéma avec Cédric ?

– Oui ! Nous ____________ une superbe soirée !

II. 상황에 맞는 내용으로 다음을 완성하시오.

1. Tu as chaud ? ____________ la fenêtre !

2. Au voleur ! ____________ cet homme !

3. ____________ tout de suite une ambulance !

4. ____________ de bonnes vacances !

5. Vous avez l'air fatigué. ____________ !

III. 다음의 문장을 복합과거로 바꾸시오.

Paul lit le journal. Il boit un café. Il prend une douche. Et il sort avec Sylvie. Ils vont à la gare. Ils achète les billets. Ils partent à Deauville.

해답

1과

Ⅰ. (1) m'appelle (2) vous　(3) Moi, je m'appelle　(4) français　(5) je suis coréenne.

Ⅱ. (1) japonais　(2) japonaise (3) coréen　(4) coréenne (5) êtes américaine (6) je suis française

Ⅲ. (1) Je m'appelle (2) êtes　(3) Vous vous appelez　(4) vous

(5) je suis étudiant, professeur…(직업명사를 넣으면 됨)

Ⅳ. Bonjour, je m'appelle Kwang-Ho Song. Je suis coréen. Je suis acteur...

2과

Ⅰ. coiffeuse / coiffeuse, sommelier / professeur

Ⅱ. infirmière / parfumeuse / actrice / danseuse / institutrice / paysanne /

chururgien / dessinatrice / étudiante / maîtresse

Ⅲ. – Bonjour ! Je suis musicien et vous?

– Moi, je suis journaliste. Je travaille à la radio.

3과

Ⅰ. (1) F　(2) V　(3) ?　(4) ?　(5) F

Ⅱ. (1) étrangère (2) monsieur (3) présentatrice

Ⅲ. (1) boulangère (2) médecin (3) journaliste

Ⅳ. (1) C'est　(2) Qui est-ce? (3) étudiant(직업명사를 넣으면 됨)

Ⅴ. (1) ouvrière　(2) infirmière (3) interprète (4) salariée

Ⅰ. habitez / américain / martienne

Ⅱ. 1. dansez　2. parle　3. pense　4. habitons　5. adore(j'adore)

Ⅲ. 1. à / au　2. à / en　3. à / en　4. au / aux　5. à / en

5과

Ⅰ. (1) racontes/écoute　(2) aime/déteste　(3) accepte/refuse

　(4) coupe/colles　(5) regarde/jouent

Ⅱ. (1) b/e　(2) a/b/d/e　(3) c　(4) a/b/d/e　(5) a/b/d/e

Ⅲ. (1) achètes　(2) aimes　(3) Qu'est-ce que　(4) mange　(5) appelez　(6) appelle

Ⅳ. (1) manges　(2) mange　(3) Qu'est-ce qu'　(4) Il aime　(5) parle/parlez

　(6) ne parle pas

6과

Ⅰ. du, de la / du, de l' / du, du

Ⅱ. 1. une　2. la　3. une, la　4. la, la　5. du, du

　6. le　7. de l', du　8. d'　9. le　10. la, l'

7과

Ⅰ. (1) Qu'est-ce qu'il y a　(2) Il y a

Ⅱ. (1) des chaises, un cahier, un livre, un sac, un tableau(단어의 순서는 바뀌어도 됨)

　(2) sur / sous / derrière / à côté de

Ⅲ. (1) voyagez　(2) commence　(3) paie　(4) achetez　(5) avançons　(6) corrige

8과

Ⅰ. ai(J'ai) / fait, avez

Ⅱ. 1. zéro six, quarante-cinq, quatre-vingt-sept, trente-trois, quatre-vingt-dix

   2. zéro un, quarante-trois, zéro deux, dix-neuf, quatre-vingt-treize

   3. zéro quatre, cinquante-cinq, vingt-sept, soixante-neuf, soixante-quatorze

Ⅲ. 1. Quelle   2. Quel   3. Quelle   4. quelle   5. quels

9과

Ⅰ. (1) au   (2) à l'   (3) au   (4) aux   (5) à la

Ⅱ. (1) une belle voiture jaune   (2) un bon gâteau français

   (3) des chaussures confortables   (4) au troisième feu rouge

Ⅲ. (1) où / mal (2) le boulanger   (3) faut

   (4) voudrais / abscent.   (5) Qu'est-ce que tu as / aux

Ⅳ. (1) Elle a mal à la tête   (2) Elle a mal aux genoux

   (4) Il a mal aux pieds   (5) Il a mal au ventre.

10과

Ⅰ. prenez / Préfère / l'avion / prends

Ⅱ. 1. préfère   2. jettes   3. achetons   4. détestez   5. adorent

Ⅲ. 1. ne / que   2. ne(n') / pas   3. ne(n'ai) / pas de   4. ne / pas des

   5. ne(n') / ni / ni   6. ne / jamais

11과

Ⅰ. (1) tes/ta　　(2) mon　　(3) ton　　(4) Mon　　(5) ton/ta　　(6) son

　　(7) mes　　(8) mes/mes　(9) ton

Ⅱ. (1) est　　(2) a　　(3) est　　(4) a　　(5) est

Ⅲ. (1) Mon jardin est plus joli que le tiens.　　(2) Tu écris aussi bien que ta soeur.

　　(3) Parlez plus poliment.　　(4) Je suis plus gentil que toi.

Ⅳ. (1) (J'habite) au sixième étage.　　(2) (La réunion a lieu) au rez-de-chaussée.

　　(3) (Il est) au premier étage.

12과

Ⅰ. à la, en　/　prends　/　à

Ⅱ. 1-d　2-e　3-a　4-b　5-c

Ⅲ. D'abord, je prends le métro à Montparnasse et je change et je prends le RER A1 jusqu'au

　　terminus...

13과

Ⅰ. (1) b　　(2) b　　(3) c　　(4) a

Ⅱ. (1) à　　(2) personne　(3) rien/personne　　(4) Rien/Personne

Ⅲ. (1) Il est quelle heure ?　　(2) Tu as rendez-vous à quelle heure ?

　　(3) Il habite où ? /Où habite-t-il ?　　(4) Il aime Paul ? / Mino ? /...

Ⅳ. (1) On va　　(2) quelle heure　　(3) À 8 heures du soir　(4) se retrouve　　(5) Devant

　　(6) à 8 heures pile

Ⅴ. (1) Va　　(2) Quelle heure　　(3) 19 heures　　(4) on se voit

　　(5) Devant　　(6) 7 heures　　(6) à 7 heure pile

Ⅵ. (1) Si　　(2) Oui.

14과

Ⅰ. te lèves / me lève

Ⅱ. 1. finit　　 2. me lave　 3. vous appelez　　　 4. jaunit　 5. s'habillent

Ⅲ. Je me réveille à 8 h. Je me lave et je m'habille pour aller au bureau. Le soir je me dépêche, je m'amuse avec des amis et je me couche tard.

15과

Ⅰ (1) ai réservé (2) avez consulté　　 (3) a ouvert　 (4) avons couru

(5) ont dormi

Ⅱ. (1) avez passé　　　 (2) avons dîné/a bu　　 (3) a soufflé　 (4) a reçu　 (5) a eu

Ⅲ. (1) parler　 (2) la part de qui (3) voulez laisser　　 (4) rappelle

Ⅳ. (1) À 9 heures elle a pris le métro.　　 (2) À midi elle a déjeuné avec ses collègues.

(3) à 13 heures elle à recommencé à travailler.

(4) À 8 heures du soir elle a rencontré une amie.

16과

Ⅰ fait, y a / verglas /　froid

Ⅱ. 1. fais de la, fais du　　　 2. pleut　 3. en, au　 4. fait la, fait la　 5. au, du

Ⅲ. − Bonjour ! Aujourd'hui, il fait froid !

− C'est vrai, il fait - 10 degrés. Vous voulez faire du ski ?

− C'est une bonne idée !

17과

Ⅰ. (1) suis sorti(e)　　　　 (2) sommes arrivé(e)s

(3) êtes resté(e)(s)　　　 (4) est allée

Ⅱ. (1) J'ai rencontré une amie   (2) Il est tombé

(3) La voiture a eu un accident.   (2) Il est sorti de son bureau.

Ⅲ. Vous allez tout droit. Vous arrivez à un rond-point. Il y a quatre sorties. Vous prenez la

première sortie à droite. Après tournez à droite.

18과

Ⅰ. venons / à quelle, quel / Le, quelle / le / De rien

Ⅱ. 1. C'est un bébé   2. Elle aime Hervé   3. C'est à Hélène ?

4. Emma a un bébé.

Ⅲ. 1. l'heure   2. épelez   3. en avance   4. quelle   5. l'heure

19과

Ⅰ. (1) coûte   (2) en solde   (3) cher   (4) bon marché

Ⅱ. (1) Super. C'est très gentil.

/– Je suis désolée. je ne peux pas. Je suis déjà prise. (=J'ai rendez-vous)

(2)   – C'est très gentil.– Avec plaisir ! /Oui, volontiers ! /oui, S.V.P. – Non, merci.

(3)   – Super. C'est trés gentil. /– Je suis désolée. je ne peux pas. Je suis déjà prise. (=J'ai rendez-vous)

Ⅲ. (1) Pierre me plaît   (2) J'aime ça   (3) Je te plaîs

Ⅳ. (1) mieux   (2) meilleur   (3) mieux /plus / moins   (4) plus   (5) meilleure

20과

Ⅰ. tes / mon, ma, moi / toi

Ⅱ. 1. Lui, son , sa   2. Moi, mon, mes   3. Eux, leurs   4. toi, moi   5. ton, tes

Ⅲ. 1. Elle va avoir un bébé.

   2. Tu vas passer un examen.

   3. Nous allons aller à la plage.

   4. Vous allez partir à l'étranger.

   5. Je vais boire un café sur le port.

21과

Ⅱ. (1) portiez/était   (2) étiez/pratiquiez   (3) pleuvait

22과

a mis / a mis / a mis / a tourné / a bu / a reposé / a allamé / a fait / a mis / s'est levé /
a mis / a mis / est parti / ai pris / ai pleuré

Ⅰ. as fait / j'ai visité, tu es allée / avons passé

Ⅱ. 1. Ouvre   2. Arrêtez   3. Appelez   4. Passez   5. Reposez-vous bien!

Ⅲ. Paul a lu le journal. Il a bu un café. Il a pris une douche. Et il est sorti avec Sylvie. Ils sont
   allés à la gare. Ils ont acheté les billets. Ils sont partis à Deauville.

동사 변화표 (Tableaux Des Conjugaisons)

inflnitlf	présent		futur proche		passé compose		imparfait	
ÊTRE Participe passé: été Participe présent: étant	je tu il nous vous ils	suis es est sommes êtes sont	je tu il nous vous ils	vais être vas être va être allons être allez être vont être	j' tu il nous vous ils	ai été as été a été avons été avez été ont été	j' tu il nous vous ils	étais étais était étions étiez étaient
AVOIR Participe passé: eu Participe présent: ayant	j' tu il nous vous ils	ai as a avons avez ont	je tu il nous vous ils	vais avoir vas avoir va avoir allons avoir allez avoir vont avoir	j' tu il nous vous ils	ai eu as eu a eu avons eu avez eu ont eu	j' tu il nous vous ils	avais avais avait avions aviez avaient
ALLER Participe passé: allé Participe présent: allant	je tu il nous vous ils	vais vas va allons allez vont	je tu il nous vous ils	vais aller vas aller va aller allons aller allez aller vont aller	je tu il nous vous ils	suis allé es allé est allé sommes allés êtes allés sont allés	j' tu il nous vous ils	allais allais allait allions alliez allaient
PARLER Participe passé: parlé Participe présent: parlant	je tu il nous vous ils	parle parles parle parlons parlez parlent	je tu il nous vous ils	vais parler vas parler va parler allons parler allez parler vont parler	j' tu il nous vous ils	ai parlé as parlé a parlé avons parlé avez parlé ont parlé	je tu il nous vous ils	parlais parlais parlait parlions parliez parlient
VERBES en-ER **ACHETER** Participe passé: acheté Participe présent: achetant	j' tu il nous vous ils	achète achètes achète achetons achetez achètent	je tu il nous vous ils	vais acheter vas acheter va acheter allons acheter allez acheter vont acheter	j' tu il nous vous ils	ai acheté as acheté a acheté avons acheté avez acheté ont acheté	j' tu il nous vous ils	achetais achetais achetait achetions achetiez achetaient
VERBES en-ER **MANGER** Participe passé: mangé Participe présent: mangeant	je tu il nous vous ils	mange manges mange mangeons mangez mangent	je tu il nous vous ils	vais manger vas manger va manger allons manger allez manger vont manger	j' tu il nous vous ils	ai mangé as mangé a mangé avons mangé avez mangé ont mangé	je tu il nous vous ils	mangeais mangeais mangeait mangions mangiez mangeaient

futur simple	impératif	subjonctif	passé simple	conditionnel préésent	Autres verbes
je serai		que je sois	je fus	je serais	
tu seras	sois	que tu sois	tu fus	tu serais	
il sera		qu'il soit	il fut	il serait	
nous serons	soyons	que nous soyons	nous fûmes	nous serions	
vous serez	soyez	que vous soyez	vous fûtes	vous seriez	
ils seront		qu'ils soient	ils furent	ils seraient	
j'aurai		que j'aie	j'eus	j'aurais	
tu auras	aie	que tu aies	tu eus	tu aurais	
il aura		qu'il ait	il eut	il aurait	
nous aurons	ayons	que nous ayons	nous eûmes	nous aurions	
vous aurez	ayez	que vous ayez	vous eûtes	vous auriez	
ils auront		qu'ils aient	ils eurent	ils auraient	
j'irai		que j'aille	j'allai	j'irais	
tu iras	va	que tu ailles	tu allas	tu irais	
il ira		qu'il aille	il alla	il irait	
nous irons	allons	que nous allions	nous allâmes	nous irions	
vous irez	allez	que vous alliez	vous allâtes	vous iriez	
ils iront		qu'ils aillent	ils allèrent	ils iraient	
je parlerai		que je parle	je parlai	je parlerais	-er
tu parleras	parle	que tu parles	tu parlas	tu parlerais	
il parlera		qu'il parle	il parla	il parlerait	
nous parlerons	parlons	que nous parlions	nous parlâmes	nous parlerions	
vous parlerez	parlent	que vous parliez	vous parlâtes	vous parleriez	
ils parleront		qu'ils parlent	ils parlèrent	ils parleraient	
j'achèterai		que j'achète	j'achetai	j'achèterais	lever
tu achèteras	achète	que tu achètes	tu achetas	tu achèterais	mener
il achètera		qu'il achète	il acheta	il achèterait	peser
nous achèterons	achetons	que nous achètions	nous achetâmes	nous achèterions	…
vous achèterez	achetez	que vous achètez	vous achetâtes	vous achèteriez	
ils achèteront		qu'ils achètent	ils achetèrent	ils achèteraient	
je mangerai		que je mange	je mangeai	je mangerais	bouger
tu mangeras	mange	que tu manges	tu mangeas	tu mangerais	nager
il mangera		qu'il mange	il mangea	il mangerait	songer
nous mangerons	mangeons	que nous mangions	nous mangeâmes	nous mangerions	changer
vous mangerez	mangez	que vous mangiez	vous mangeâtes	vous mangeriez	…
ils mangeront		qu'ils mangent	ils mangèrent	ils mangeraient	

inflnitlf	présent		futur proche		passé compose		imparfait	
BOIRE Participe passé: bu Participe présent: buvant	je	bois	je	vais boire	j'	ai bu	je	buvais
	tu	bois	tu	vas boire	tu	as bu	tu	buvais
	il	boit	il	va boire	il	a bu	il	buvait
	nous	buvons	nous	allons boire	nous	avons bu	nous	buvions
	vous	buvez	vous	allez boire	vous	avez bu	vous	buviez
	ils	boivent	ils	vont boire	ils	ont bu	ils	buvaient
CONNAÎTRE Participe passé: connu Participe présent: connaissant	j'	connais	je	vais connaître	j'	ai connu	je	connaissais
	tu	connais	tu	vas connaître	tu	as connu	tu	connaissais
	il	connaît	il	va connaître	il	a connu	il	connaissait
	nous	connaissons	nous	allons connaître	nous	avons connu	nous	connaissaions
	vous	connaissez	vous	allons connaître	vous	avez connu	vous	connaissiez
	ils	connaissent	ils	vont connaître	ils	ont connu	ils	connaissaient
DEVOIR Participe passé: dû Participe présent: devant	je	dois	je	vais dire	j'	ai dû	je	devais
	tu	dois	tu	vas dire	tu	as dû	tu	devais
	il	doit	il	va dire	il	a dû	il	devait
	nous	devons	nous	allon dire	nous	avons dû	nous	devions
	vous	devez	vous	allez dire	vous	avez dû	vous	deviez
	ils	doivent	ils	vont dire	ils	ont dû	ils	devaient
DIRE Participe passé: dit Participe présent: disant	je	dis	je	vais dire	j'	ai dit	je	disais
	tu	dis	tu	vas dire	tu	as dit	tu	disais
	il	dit	il	va dire	il	a dit	il	disait
	nous	disons	nous	allons dire	nous	avons dit	nous	devions
	vous	dites	vous	allez dire	vous	avez dit	vous	deviez
	ils	disent	ils	vont dire	ils	ont dit	ils	devaient
ÉCRIRE Participe passé: écrit Participe présent: écrivant	j'	écris	je	vais écrire	j'	ai écrit	j'	écrivais
	tu	écris	tu	vas écrire	tu	as écrit	tu	écrivais
	il	écrit	il	va écrire	il	a écrit	il	écrivait
	nous	écrivons	nous	allons écrire	nous	avons écrit	nous	écrivions
	vous	écrivez	vous	allez écrire	vous	avez écrit	vous	écriviez
	ils	écrivent	ils	vont écrire	ils	ont écrit	ils	écrivaient
FAIRE Participe passé: fait Participe présent: faisant	je	fais	je	vais faire	j'	ai fait	je	faisais
	tu	fais	tu	vas faire	tu	as fait	tu	faisais
	il	fait	il	va faire	il	a fait	il	faisait
	nous	faisons	nous	allons faire	nous	avons fait	nous	faisions
	vous	faites	vous	allez faire	vous	avez fait	vous	faisiez
	ils	font	ils	vont faire	ils	ont fait	ils	faisaient

futur simple	impératif	subjonctif	passé simple	conditionnel preésent	Autres verbes
je boirai		que je boive	je bus	je boirais	
tu boiras	bois	que tu boives	tu bus	tu boirais	
il boira		qu'il boive	il but	il boirait	
nous boirons	buvons	que nous buvions	nous bûmes	nous boirions	
vous boirez	buvez	que vous buviez	vous bûtes	vous boiriez	
ils boiront		qu'ils boivent	ils burent	ils boiraient	
je connaîtrai		que je connaisse	je connus	je connaîtrais	paraître
tu connaîtras	connais	que tu connaisses	tu connus	tu connaîtrais	apparaître
il connaîtra		qu'il connaisse	il connunt	il connaîtrait	disparaître
nous connaîtrons	connaissons	que nous connaissions	nous connûmes	nous connaîtrions	reconnaître
vous connaîtrez	connaissez	que vous connaissiez	vous connûtes	vous connaîtriez	
ils connaîtront		qu'ils connaissent	ils connurent	ils connaîtraient	
je devrai		que je doive	je dus	je devrais	
tu devras		que tu doives	tu dus	tu devrais	
il devra		qu'il doive	il dut	il devrait	
nous devrons		que nous devions	nous dûmes	nous devrions	
vous devrez		que vous deviez	vous dûtes	vous devriez	
ils devront		qu'ils doivent	ils dûrent	ils devraient	
je dirai		que je dise	je dis	je dirais	interdire
tu diras	dis	que tu dises	tu dis	tu dirais	médire
il dira		qu'il dise	il dit	il dirait	redire
nous dirons	disons	que nous disions	nous dîmes	nous dirions	
vous devrez	dites	que vous disiez	vous dîtes	vous diriez	
ils devront		qu'ils disent	ils dirent	ils diraient	
j' écrirai		que j' écrive	j' écrivis	j' écrirais	décrire
tu écriras	écris	que tu écrives	tu écrivis	tu écrirais	inscrire
il écrira		qu'il écrive	il écrivit	il écrirait	
nous écrirons	écrivons	que nous écrivions	nous écrivîmes	nous écririons	
vous écrirez	écrivez	que vous écriviez	vous écrivîtes	vous écririez	
ils écriront		qu'ils écrivent	ils écrivirent	ils écriraient	
je ferai		que je fasse	je fis	je ferais	
tu feras	fais	que tu fasses	tu fis	tu ferais	
il fera		qu'il fasse	il fit	il ferait	
nous ferons	faisons	que nous fassions	nous fîmes	nous ferions	
vous ferez	faites	que vous fassiez	vous fîtes	vous feriez	
ils feront		qu'ils fassent	ils firent	ils feraient	

inflnitlf	présent		futur proche		passé compose		imparfait	
FALLOIR Participe passé: fallu Participe présent: fallant	il	faut	il	va falloir	il	a fallu	il	fallait
FINIR Participe passé: fini Participe présent: finissant	je tu il nous vous ils	finis finis finit finissons finissez finissent	je tu il nous vous ils	vais finir vas finir va finir allons finir allez finir vont finir	j' tu il nous vous ils	ai fini as fini a fini avons fini avez fini ont fini	je tu il nous vous ils	finissais finissais finissait finissions finissiez finissaient
METTRE Participe passé: mis Participe présent: mettant	je tu il nous vous ils	mets mets met mettons mettez mettent	je tu il nous vous ils	vais mettre vas mettre va mettre allons mettre allez mettre vont mettre	j' tu il nous vous ils	ai mis as mis a mis avons mis avez mis ont mis	je tu il nous vous ils	mettais mettais mettait mettions mettiez mettaient
OFFRIR Participe passé: offert Participe présent: offrant	j' tu il nous vous ils	offre offres offre offrons offrez offrent	je tu il nous vous ils	vais offrir vas offrir va offrir allons offrir allez offrir vont offrir	j' tu il nous vous ils	ai offert as offert a offert avons offert avez offert ont offert	j' tu il nous vous ils	offrais offrais offrait offrions offriez offraient
PARTIR Participe passé: parti Participe présent: partant	je tu il nous vous ils	pars pars part partons partez partent	je tu il nous vous ils	vais partir vas partir va partir allons partir allez partir vont partir	je tu il nous vous ils	suis parti es parti est parti sommes partis êtes partis sont partis	je tu il nous vous ils	partais partais partiat partions partiez partaient
PLEUVOIR	il	pleut	il	va pleuvoir	il	a plu	il	pleuvait
POUVOIR Participe passé: pu Participe présent: pouvant	je tu il nous vous ils	peux peux peut pouvons pouvez peuvent	je tu il nous vous ils	vais pouvoir vas pouvoir va pouvoir allons pouvoir allez pouvoir vont pouvoir	j' tu il nous vous ils	ai pu as pu a pu avons pu avez pu ont pu	je tu il nous vous ils	pouvais pouvais pouvait pouvions pouviez pouvaient

futur simple		impératif	subjonctif		passé simple		conditionnel préésent		Autres verbes
il	faudra		qu'il	faille	il	fallut	il	faudrait	
je	finirai		que je	finisse	je	finis	je	finirais	-ir
tu	finiras	finis	que tu	finisses	tu	finis	tu	finirais	
il	finira		qu'il	finisse	il	finit	il	finirait	agir, punir,
nous	finirons	finissons	que nous	finissions	nous	finîmes	nous	finirions	réfléchir,
vous	finirez	finissez	que vous	finissiez	vous	finîtes	vous	finiriez	rougir, mûrir,
ils	finiront		qu'ils	finissent	ils	finirent	ils	finiraient	etc.
je	mettrai		que je	mette	je	mis	je	mettrais	permettre
tu	mettras		que tu	mettes	tu	mis	tu	mettrais	
il	mettra		qu'il	mette	il	mit	il	mettrait	
nous	mettrons		que nous	mettions	nous	mîmes	nous	mettrions	
vous	mettrez		que vous	mettiez	vous	mîtes	vous	mettriez	
ils	mettront		qu'ils	mettent	ils	mirent	ils	mettraient	
j'	ouvrirai		que j'	offre	j'	offris	j'	offrirais	couvrir
tu	ouvriras	mets	que tu	offres	tu	offris	tu	offriais	découvrir
il	ouvrira		qu'il	offre	il	ofrit	il	offrirait	ouvrir
nous	ouvrirons	mettons	que nous	offrions	nous	offrîmes	nous	offririons	souffrir
vous	ouvriez	mettez	que vous	offriez	vous	offrîtes	vous	offririez	
ils	ouviront		qu'ils	offrent	ils	offrirent	ils	offriraient	
je	partirai		que je	parte	je	partis	je	partirais	sortir
tu	partiras	ouvre	que tu	partes	tu	partis	tu	partirais	sentir
il	partira		qu'il	parte	il	partit	il	partirait	servir
nous	partirons	ouvrons	que nous	partions	nous	partîmes	nous	partirions	dormir
vous	partirez	ouvrez	que vous	partiez	vous	partîtes	vous	partiriez	suivre
ils	partiront		qu'ils	partent	ils	partirent	ils	partiraient	mentir
il	pleuvra		qu'il	pleuve	il	plut	il	pleuvrait	
je	pourrai		que je	puisse	je	pus	je	pourrais	
tu	pourras		que tu	puisses	tu	pus	tu	pourrais	
il	pourra		qu'il	puisse	il	put	il	pourrait	
nous	pourrons		que nous	puissions	nous	pûmes	nous	pourrions	
vous	pourrez		que vous	puissiez	vous	pûtes	vous	pourriez	
ils	pourront		qu'ils	puissent	ils	purent	ils	pourraient	

futur simple	impératif	subjonctif	passé simple	conditionnel preésent	Autres verbes
je prendrai		que je prenne	je pris	je prendrais	apprendre
tu prendras	prends	que tu prennes	tu pris	tu prendrais	comprendre
il prendra		qu'il prenne	il prit	il prendrait	
nous prendrons	prenons	que nous prenions	nous prîmes	nous prendrions	
vous prendrez	prenez	que vous preniez	vous prîtes	vous prendriez	
ils prendront		qu'ils prennent	ils prirent	ils prendraient	
je saurai		que je sache	je sus	je saurais	
tu sauras	sache	que tu saches	tu sus	tu saurais	
il saura		qu'il sache	il sut	il saurait	
nous saurons	sachons	que nous sachions	nous sûmes	nous saurions	
vous saurez	sachez	que vous sachiez	vous sûtes	vous sauriez	
ils sauront		qu'ils sachent	ils surent	ils sauraient	
je viendrai		que je vienne	je vins	je viendrais	revenir, devenir
tu viendras	viens	que tu viennes	tu vins	tu viendrais	prévenir
il viendra		qu'il vienne	il vint	il viendrait	se souvenir
nous viendrons	venons	que nous venions	nous vînmes	nous viendrions	tenir, retenir
vous viendrez	venez	que vous veniez	vous vîntes	vous viendriez	obtenir
ils viendront		qu'ils viennent	ils vinrent	ils viendraient	entretenir
je vivrai		que je vive	je vécus	je vivrais	
tu vivras	vis	que tu vives	tu vécus	tu vivrais	
il vivra		qu'il vive	il vécut	il vivrait	
nous vivrons	vivons	que nous vivions	nous vécûmes	nous vivrions	
vous vivrez	vivez	que vous viviez	vous vécûtes	vous vivriez	
ils vivront		qu'ils vivent	ils vécurent	ils vivraient	
j' verrai		que je voie	je vis	je verrais	
tu verras	vois	que tu voies	tu vis	tu verrais	
il verra		qu'il voie	il vit	il verrait	
nous verrons	voyons	que nous voyions	nous vîmes	nous verrions	
vous verrez	voyez	que vous voyiez	vous vîtes	vous verriez	
ils verront		qu'ils voient	ils virent	ils verraient	
je voudrai		que je veuille	je voulus	je voudrais	
tu voudras	veuille	que tu veuilles	tu voulus	tu voudrais	
il voudra		qu'il veuille	il voulut	il voudrait	
nous voudrons	veuillons	que nous voulions	nous voulûmes	nous voudrions	
vous voudrez	veuillez	que vous vouliez	vous voulûtes	vous voudriez	
ils voudront		qu'ils veuillent	ils voulurent	ils voudraient	

inflnitlf	présent		futur proche		passé compose		imparfait	
PRENDRE Participe passé: pris Participe présent: prenant	je	prends	je	vais prendre	j'	ai pris	je	prenais
	tu	prends	tu	vas prendre	tu	as pris	tu	prenais
	il	prend	il	va prendre	il	a pris	il	prenait
	nous	prenons	nous	allons prendre	nous	avons pris	nous	prenions
	vous	prenez	vous	allez prendre	vous	avez pris	vous	preniez
	ils	prennent	ils	vont prendre	ils	ont pris	ils	prenaient
SAVOIR Participe passé: su Participe présent: sachant	je	sais	je	vais savoir	j'	ai su	je	savais
	tu	sais	tu	vas savoir	tu	as su	tu	savais
	il	sait	il	va savoir	il	a su	il	savait
	nous	savons	nous	allons savoir	nous	avons su	nous	savions
	vous	savez	vous	allons savoir	vous	avez su	vous	saviez
	ils	savent	ils	vont savoir	ils	ont su	ils	savaient
VENIR Participe passé: venu Participe présent: venant	je	viens	je	vais venir	je	ai venu	je	venais
	tu	viens	tu	vas venir	tu	as venu	tu	venais
	il	vient	il	va venir	il	a venu	il	venait
	nous	venons	nous	allons venir	nous	sommes venus	nous	venions
	vous	venez	vous	allez venir	vous	êtes venus	vous	veniez
	ils	viennent	ils	vont venir	ils	sont venus	ils	venaient
DIRE Participe passé: vécu Participe présent: vivant	je	vis	je	vais vivre	j'	ai vêcu	je	vivais
	tu	vis	tu	vas vivre	tu	as vêcu	tu	vivais
	il	vit	il	va vivre	il	a vêcu	il	vivait
	nous	vivons	nous	allons vivre	nous	avons vêcu	nous	vivions
	vous	vivez	vous	allez vivre	vous	avez vêcu	vous	viviez
	ils	vivent	ils	vont vivre	ils	ont vêcu	ils	vivaient
VOIR Participe passé: vu Participe présent: voyant	je	vois	je	vais voir	j'	ai vu	je	voyais
	tu	vois	tu	vas voir	tu	as vu	tu	voyais
	il	voit	il	va voir	il	a vu	il	voyait
	nous	voyons	nous	allons voir	nous	avons vu	nous	voyions
	vous	voyez	vous	allez voir	vous	avez vu	vous	voyiez
	ils	voient	ils	vont voir	ils	ont vu	ils	voyaient
VOULOIR Participe passé: voulu Participe présent: voulant	je	veux	je	vais vouloir	j'	ai voulu	je	voulais
	tu	veux	tu	vas vouloir	tu	as voulu	tu	voulais
	il	veut	il	va vouloir	il	a voulu	il	voulait
	nous	voulons	nous	allons vouloir	nous	avons voulu	nous	voulions
	vous	voulez	vous	allez vouloir	vous	avez voulu	vous	vouliez
	ils	veulent	ils	vont vouloir	ils	ont voulu	ils	voulaient

présent	futur proche	passé composé	imparfait	futer simple
il y a	il va y avoir	il y a eu	il y avait	il y aura